LA «GUARDIA MORA» DE FRANCO

LA COMPAÑÍA MIXTA DE ESCOLTA (1936-1939)

(HISTORIA, UNIFORMIDAD, GUIONES Y DISTINTIVOS)

JOSÉ LUIS CALVO PÉREZ

www.gallandbooks.com

Título original: La «Guardia Mora» de Franco. La Compañía Mixta de Escolta (1936-1939)
Primera edición: septiembre 2025
ISBN: 978–84-19469-92-2
Depósito legal: DL VA 387-2025
Diseño y maquetación: Boca Multimedia
Tratamiento de imágenes: Paco M. Queipo
Imprime: Rudelgraf
Impreso en España

INTRODUCCIÓN

La monografía que el lector tiene en sus manos es una sencilla obra de divulgación —escrita en prosa directa y exenta de todo rebuscamiento— para dar a conocer desde una óptica rigurosamente histórica las diversas peculiaridades que concurrieron en la formación de dos unidades singulares que sirvieron de escolta al Generalísimo Franco durante el período comprendido entre 1936-1939. Se trata de una compañía de infantería, con funciones de Guardia de Honor: la Compañía Mixta de Escolta de S. E. el Generalísimo —formada por oficiales, suboficiales y tropa europea de la Guardia Civil de la Comandancia de Marruecos y fuerzas jalifianas de la Mehaznía Armada— y un escuadrón de caballería: el Escuadrón de Escolta —constituido por el 2º Escuadrón del Tabor de Caballería del Grupo de Fuerzas Regulares Indígenas de Tetuán nº 1—

Con este trabajo se pretende, además de intentar poner un poco de orden y concierto sobre lo dicho y escrito acerca de la *Guardia de Honor*, revisar con objetividad y la asepsia más absoluta algunos aspectos —que no siempre se ajustan a la verdad— proyectados y difundidos en su día por aquellos que ignoraron completamente el origen y demás vicisitudes de la unidad. Es posible que el reflejo de ese desconocimiento estuviese motivado por la circunstancia que la historiografía poco —o casi nada— ha hecho para distinguir y esclarecer la que popularmente se conocía por el sobrenombre de «Guardia Mora». Cierto es que en la investigación reside la génesis de cualquier ensayo histórico; por eso, como no podía ser de otra manera, esta monografía aspira a erigirse en un referente para historiadores y expertos en uniformología.

Precisamente, por el desconocimiento que se tiene acerca de la *Compañía Mixta de Escolta de S. E. el Jefe del Estado,* hace que ésta pase por ser una unidad prácticamente ignorada y, por lo tanto, olvidada sistemáticamente por la historiografía en general. Debido —repito— a esa ignorancia, hace que se carguen las tintas sobre el *Escuadrón de Escolta* que, aunque parcialmente estudiado, se reconoce, eso sí, como la unidad más representativa de las dos que conformaron la guardia y la escolta del Generalísimo. Resulta pues, sorprendente que se quiera presentar al escuadrón, debido a sus peculiares características, como el paradigma de la llamada «*Guardia Mora*», ejemplo que, insistentemente, se repetirá como un axioma.

Bien es verdad que el vacío o ausencia —al menos no se tiene constancia de su existencia— de reglamentos o disposiciones oficiales sobre organización, peculiaridades, uniformidad, etc., unido esto a la escasez de soporte documental histórico al respecto, hace más difícil aún intentar cubrir esta laguna y, por lo tanto, poder establecer con rotundidad los extremos antes señalados. Ahora bien, el deseo de contribuir de alguna manera a suplir esta carencia de reglamentación especifica, aunado al estímulo e interés personal que este autor siempre ha tenido para divulgar de forma pormenorizada las peculiares características de la uniformidad usada por la *Compañía Mixta de Escolta* –que más tarde empezaría a conocerse como *Guardia de Honor*–, le ha supuesto, y esto con dificultades, todo un reto personal para acometer la empresa. Claro está que éste, y no otro, ha sido el motivo principal que le ha impulsado trasladarla a la práctica, cuyo resultado se materializa en el presente estudio monográfico. Por ello, como no podía ser de otro modo, la monografía se limita casi en exclusiva a glosar la uniformidad y vicisitudes de la primera de las unidades antes citadas, es decir, la *Compañía Mixta de Escolta*, sin olvidarnos, por su señalada importancia, hacerle un pequeño hueco al *Escuadrón de Escolta*.

A pesar de la dificultad antes reseñada, se ha podido, empero, reunir un sinfín de informaciones y datos sueltos, a los que se ha incorporado el resultado de una sucesión de consultas y encuestas que el padre del autor realizó entre los años 1969-1975 a diversas personas —antiguos miembros de la Guardia Civil, casi todos componentes de la escolta personal del Generalísimo— que vivieron de cerca los acontecimientos desarrollados en torno al Cuartel General del Generalísimo, tanto en Salamanca como en Burgos. También, tras un riguroso y exhaustivo estudio, la documentación gráfica disponible (reportajes fotográficos y documentales cinematográficos, esencialmente), ha significado una inestimable e inagotable fuente de información.

Otra considerable y singular ayuda, sin duda alguna, la constituyeron los datos y dibujos «*de primera mano*» proporcionados por el general D. Buenaventura Cano Portal[1] con ocasión de una consulta epistolar que en el año 1969 se le había formulado para desentrañar cuál había sido el emblema reglamentario que figuraba en

---

1.- Precisamente, con el empleo de capitán., ejerció el mando de la unidad entre los años 1936-1939.

4

el cuello de las guerreras del componente indígena de la Mehaznía Armada, lo que, asimismo, ha permitido, junto con la información derivada del pormenorizado examen al que fue sometido el álbum fotográfico personal aportado por el propio general Cano Portal, establecer que algunas prendas de uniforme fueron improvisadas e impuestas de *«viva voz»*, introduciendo en las mismas algunos que otros arreglos o modificaciones según la ocasión, las necesidades del momento o los rigores de la estación climatológica, de cuyas reformas no ha quedado, que se sepa, constancia documental alguna.

Con la reunión de todos los elementos e informaciones obtenidas, ya se tenía una idea bastante aproximada de cada una de las distintas prendas que componían la indumentaria utilizada por la Guardia del Jefe del Estado durante la contienda civil de 1936-1939[2], por lo que resultaba posible acometer —casi con absoluta exactitud— la reconstrucción detallada de la *cartilla de uniformidad* de la *Guardia de Honor*, sin relegar, por supuesto, de dedicar especial mención a los distintos uniformes del *Escuadrón de Escolta*, así como una breve reseña de la *Compañía de Infantería de Guardia Exterior*, creada en Burgos en las postrimerías de la guerra.

2.- El resultado previo, aunque no definitivo, de esta investigación fue publicado en la revista *Guardia Civil* correspondiente al mes de julio de 1997.

ANTECEDENTES HISTÓRICOS

La Guardia mora de Enrique IV

Jinete nazarí, posiblemente guardia de Enrique IV de Castilla. (Pintura mural procedente de la iglesia de San Salvador de Gallipienzo, actualmente en el Museo de Navarra)

El origen de las guardias o escoltas moras en España se remonta al reinado de Enrique IV de Castilla (1454-1474), cuyo monarca siempre había manifestado una gran atracción y predisposición hacia lo morisco, por lo que se decidió encomendar la guardia de su persona a auxiliares moros, reclutados entre aquellos descontentos que emigraban del reino nazarí de Granada, tributario de la Corona de Castilla. La nobleza cristiana, en especial la andaluza, quizás imbuida por los gustos del monarca castellano, le agradaba usar en su atuendo prendas típicamente morunas, tales como la aljuba y la alcandora[1], prendas éstas también utilizadas por las mesnadas castellanas, por lo prácticas que resultaban, para llevar puestas sobre la loriga o cota de mallas.

La *Crónica de Enrique IV*, dice:

Estando el rey en Arévalo como dicho es, el rey de Granada llamado Ariça que estaua echado del señorío real y se avia hecho vasallo del Rey de Castilla [...] embio su embaxador suplicando al rey que quisiese recibir un hijo suyo llamado Aliça en su seruicio, al cual el rey respondió que lo embiase quando le plugiese que él lo reciuira en sus reinos con buena voluntad con todos los que consigo trujiese [...] con él vinieron hasta ciento y cuarenta de a cauallo y treinta peones: y juntaronse a él otros moros [...] que podian ser todos trescientos de cauallo y cinquenta peones..... Luego que a Segouia llego, el rey los resciuio muy graciosamente y mandó bien aposentar a él y todos los suyos y embióle gran suma de doblas y ciertas piezas de seda y de finos paños para vestir toda la gente común.

Para el sustento de esta guardia, el rey dispuso se dieran veinte maravedíes diarios a los zenetes (moros de a caballo) y doce al resto del peonaje, dándoles además: *su rastro y sus regatones y carniceros a su parte...*[2].

1.- Vestidura morisca, especie de blusón de mangas cortas.

2.- Galíndez de Carvajal: *Crónica de Enrique IV*, edición patrocinada por el CSIC (Instituto Jerónimo de Zurita) Murcia, 1946.

Parece ser que este ha sido el origen de la famosa guardia mora de Enrique IV, aunque hay autores que sostienen la tesis que ya con anterioridad los reyes castellanos mantenían a su servicio peones moros.

La guardia morisca de Enrique IV desempeñó un papel relevante en las diversas correrías que el monarca castellano hizo por el territorio de Granada. En la primera de éstas, verificada en abril de 1455, figuraban en su escolta personal unos trescientos jinetes moros, mandados por el capitán García de Jaén[3].

La Mehaznía Armada

Por decreto de la Presidencia del Consejo de Ministros de 26 de junio de 1934[4], se dispone la reorganización y modernización de la Mehaznía Armada, constituida por tropas del Majzén (Gobierno jalifiano) y cuadros de mando del Instituto de la Guardia Civil, señalándole su dependencia militar de la Inspección de Fuerzas Jalifianas, siendo responsable de la disciplina, instrucción y eficacia de las mismas el teniente coronel jefe de dichas fuerzas en su doble aspecto de Mehal-las y Mehaznías armadas, cubriendo los servicios propios de su especialidad a las órdenes de los Interventores militares de la Zona del Protectorado de España en Marruecos.

Jinete nazarí, posiblemente guardia del rey Enrique IV de Castilla. (Pintura procedente del Monasterio de Oña, actualmente en Museo Provincial de Burgos)

El servicio quedaba organizado en sectores a las órdenes de un capitán, divididos en líneas al mando de tenientes, y puestos encomendados a clases europeas o moras, con las mismas funciones y cometidos que los Reglamentos vigentes en la Nación protectora asignan a la Guardia Civil.

Grupo de mehazníes al mando de un sargento de la Guardia Civil. (Colección particular GC)

3.- Enríquez del Castillo, Diego: *Crónica del rey D. Enrique el Cuarto de este nombre por su capellán y cronista Diego .....* (Biblioteca de Autores Españoles, tomo LXX).

4.- Gaceta de Madrid nº 179.

Como consecuencia de la entrada en vigor del decreto precedente[5], para presidir la Ponencia encargada del estudio y redacción del Reglamento por el que ha de regirse la Mehaznía Armada y otras fuerzas del Protectorado, se designa al prestigioso coronel D. Oswaldo Fernando Capaz Montes, a la sazón Delegado de Asuntos Indígenas[6] de la Alta Comisaría de España en Marruecos (ACEM).

El 1º de agosto de 1934[7], se ordena la apertura de un concurso para cubrir dos vacantes de capitán, una de teniente y dieciocho de sargento, todos de la Guardia Civil, existentes en la Mehaznía Armada.

Por orden de 19 de septiembre de 1934[8], el comandante de la Guardia Civil D. Lisardo Doval Bravo, secundado por un teniente, tres sargentos y dos guardias, pasa a prestar sus servicios en comisión a las órdenes del Alto Comisario de España en Marruecos, con el objeto de formar parte de la recién constituida Ponencia que debería encargarse del estudio y redacción del Reglamento de la Mehaznía Armada y otras fuerzas del Protectorado.

Asimismo, el 6 de noviembre de este mismo año se ordena la urgente incorporación a la citada Ponencia del capitán de la Guardia Civil D. Buenaventura Cano Portal, verificando su presentación el día 21 del mismo mes y una vez concluidos los estudios de la Ponencia, el capitán Cano Portal continuó agregado militarmente a la Mehaznía Armada hasta el 12 de julio de 1935, en que es destinado a la recientemente creada Comandancia de Marruecos.

Por orden de 29 de diciembre de 1934[9] el comandante Doval es confirmado en la comisión que le fue conferida el 19 de septiembre anterior, continuando, por lo tanto, a las órdenes del Alto Comisario de España en Marruecos.

Maniquí de mehazní en uniforme de servicio. (Antiguo Museo del Ejército, Madrid)

5.- La fecha para la entrada en vigor del decreto había quedado fijada para el 1º de julio de este mismo año.

6.- Nombrado en julio de 1934. Este mismo cargo ya lo había desempeñado con anterioridad, siendo relevado del mismo en noviembre de 1931.

7.- Gaceta de Madrid, nº 229.

8.- Gaceta de Madrid, nº 264.

9.- Gaceta de Madrid nº 2/1935. La confirmación de Doval en la comisión ha sido como consecuencia de haber retornado al Protectorado tras el paréntesis de su estancia en Asturias, a donde acudió comisionado por el gobierno a raíz de los graves sucesos revolucionarios acaecidos en esta región durante el mes de octubre de 1934.

Por órdenes sucesivas son destinados a la Ponencia varios oficiales, suboficiales, clases y tropa de la Guardia Civil, hasta un total de 180 efectivos que, de forma paulatina, se van incorporando a la misma, según se detalla en el cuadro siguiente:

FECHA ORDEN	GACETA	JEFES	OFICIALES			SUBOFICIALES			TROPA		TOTAL
		Cte.	Cap.	Tte.	Subay.	Sgtº 1º	Sgtº 2º	Cabos	Guardias	
19.09.34	Nº 264	1	-	1	-	-	3	-	2	7
25.10.34	Nº 300	-	1	2	-	-	1	2	7	13
06.11.34	----	-	1	-	-	-	-	-	-	1
28.12.34	Nº 1/35	-	3	7	1	2	7	5	24	49
24.01.35	Nº 37	-	1	-	-	-	-	-	-	1
08.02.35	Nº 41	-	2	3	-	2	4	7	8	26
26.02.35	Nº 62	-	-	8	-	-	7	14	35	64
09.03.35	Nº 73	-	1	-	-	-	-	-	-	1
06.04.35	Nº 102	-	-	-	-	-	-	-	3	3
17.04.35	Nº 110	-	-	-	-	1	3	2	9	15
TOTAL		**1**	**9**	**21**	**1**	**5**	**25**	**30**	**88**	**180**

Los graves y sangrientos sucesos que, de forma vertiginosa, vienen aconteciendo en España, hacen que los trabajos encomendados a la Ponencia encargada de redactar el Reglamento de la Mehaznía y otras fuerzas del Protectorado sufran un importante revés al abandonar el proyecto y dar prioridad, en el mes de noviembre de 1934, a la creación de una Comandancia Exenta de la Guardia Civil en Marruecos. Según todos los indicios, se colige que dicho Reglamento no llegó a concluirse, por lo que algunos oficiales, suboficiales y tropa del Instituto de la Guardia Civil que formaron parte de dicha Ponencia se les destina a cubrir los distintos escalones de la Mehaznía o de la recién creada Guardia Civil de Ifni, mientras que el resto serviría de base para constituir los cuadros de mando de la también recien creada Comandancia de Marruecos. De todas las formas, con o sin Reglamento, la Mehaznía Armada seguía cumpliendo sus cometidos a plena satisfacción, tanto del Majzén como de la Alta Comisaría de España en Marruecos (ACEM).

Emblema de Intervenciones Militares de Marruecos.

La Comandancia Exenta de Marruecos

Por decreto de la Presidencia del Consejo de Ministros, de fecha 21 de noviembre de 1934[10], se crea una Comandancia Exenta de la Guardia Civil en Marruecos. En la exposición de motivos del citado decreto se expresa lo siguiente:

Uniforme caqui de la Guardia Civil de la Comandancia de Marruecos.

Los importantes servicios que venían prestando las fuerzas del instituto de la Guardia Civil destacadas en el Norte de África, que facilitaban extraordinariamente la gestión de las autoridades del Protectorado. Nombrada la Ponencia para la confección del Reglamento por el que habrán de regirse las mehaznías armadas, y hallándose actualmente en Marruecos los miembros de la Guardia Civil que constituyen esta comisión, que habrán de pasar más tarde como instructores de dichas fuerzas mehazníes, y constituido, a su vez, el destacamento de Ifni, con cuadros de mando de oficiales y clases de dicho Instituto, se precisa la formación de una unidad orgánica que permita la unificación del mando y los servicios.

Tal finalidad queda cumplida con la creación de una Comandancia de la Guardia Civil; que a las órdenes del Alto Comisario de España en Marruecos, quedaría en disposición de ser empleada por dicha Autoridad no solo en los territorios de Soberanía y el territorio de Ifni, sino también en aquellos otros cometidos que tenga a bien encomendar...

Por ello, el artículo 1º del decreto establece:

Para atender los servicios peculiares del Instituto de la Guardia Civil en los territorios de soberanía española y de Ifni [...], se crea una Comandancia de la Guardia Civil exenta que se denominará «Comandancia de Marruecos», mandada por un Jefe de la categoría de Comandante, cuya Plana Mayor se localizará en Ceuta.

En su artículo 2º se expresa:

La Comandancia, entre otras dependencias, dependerá primeramente del Alto Comisario de España en Marruecos.

Por orden de 29 de enero de 1935[11], se dispone el anuncio de un concurso entre los comandantes del Instituto que aspiren a ocupar la plaza de Jefe de la Comandancia de nueva creación en Marruecos, siendo condición preferente haber servido en los te-

10.- Gaceta de Madrid nº 328.
11.- Gaceta de Madrid nº 32.

rritorios de Marruecos en las fuerzas del Ejército, Indígenas y en las de la Guardia Civil. Como consecuencia del resultado del concurso, por orden de 25 de febrero de 1935[12], se designa para el mando de la Comandancia al comandante D. Lisardo Doval Bravo, cuyo mando, parece ser, lo simultaneaba con el de la Mehaznía Armada.

Teniente laureado abanderaro de la Comandancia de Marruecos, D. José López de Haro y del Rey. (Archivo General Ciudad de Ceuta, signatura Album-8)

El 8 de marzo de 1935[13], se ordena que la Compañía de la Comandancia de Málaga que se hallaba destacada en los territorios de Soberanía de Marruecos se integre en la Comandancia de nueva creación.

Por decreto de 12 de marzo de 1935[14], se autoriza la presentación a las Cortes de un proyecto de ley confirmando el decreto de la Presidencia de 21 de noviembre de 1934, por el que se crea la Comandancia de Marruecos.

Por orden circular de 9 de abril de 1935[15], según lo establecido en el decreto de 21 de noviembre de 1934, a propuesta del Alto Comisario de España en Marruecos, se designa como Jefe de la Guardia Civil del territorio de Soberanía de Ifni[16], al comandante del mismo cuerpo, D. Lisardo Doval Bravo, quien, hasta esa misma fecha, desempeñaba la Jefatura de la Comandancia de dicho Instituto en Marruecos. Siete días más tarde, por orden de 16 de abril[17], se anuncia un concurso para cubrir distintas plazas de oficiales, suboficiales, cornetas, clases y

---

12.- Gaceta de Madrid nº 60.

13.- Gaceta de Madrid nº 69.

14.- Gaceta de Madrid nº 76

15.- Gaceta de Madrid nº 102.

16.- Sánchez Ruano, Francisco: *Islam y guerra civil española. Moros con Franco y con la República*, La Esfera de los Libros, Madrid, 2004, pág. 236, dice: «.. *un decreto de la Presidencia, de 9 de marzo de 1935 (...) hizo de Doval el organizador de las Mejaznías armadas*». El decreto al que alude el Sr. Sánchez Ruano no ha podido ser localizado en la *Gaceta de Madrid*, por lo que se infiere que la fecha aportada pudiera tratarse de un error involuntario. No obstante, en la *Gaceta* nº 73 viene inserta una orden que lleva la fecha de referencia, pero se refiere a un capitán de la Guardia Civil que pasa destinado a la Ponencia encargada del estudio y redacción del Reglamento por el que ha de regirse la Mejaznía. Un mes más tarde —el 9 de abril de 1935—, el Comandante Doval es designado Jefe de la Guardia Civil del territorio de Ifni (*Gaceta* nº 102).

17.- Gaceta de Madrid nº 110.

tropa, así como conductores-motoristas y mecánicos especialistas que han de constituir la plantilla de la Comandancia de Marruecos.

Por orden de 22 de junio de 1935[18], se resuelve que varios oficiales, suboficiales y tropa del Instituto de la Guardia Civil, que se hallaban destinados a las órdenes del Alto Comisario de España, pasen destinados en comisión a la Comandancia de Marruecos. Al mismo tiempo se dispone que aquellos otros oficiales, suboficiales y tropa a quienes no se les haya adjudicado destino en la citada Comandancia como consecuencia del concurso anunciado por orden de 16 de abril de 1935, los cuales venían prestando, en comisión, sus servicios en la Ponencia encargada del estudio y redacción del Reglamento por el que han de regirse las Mehaznías Armadas y otras fuerzas del Protectorado, se incorporen a sus destinos de plantilla.

Bandera de la Comandancia de Marruecos 1935.

El 8 de noviembre de 1935 tiene lugar el acto de entrega de Bandera[19], costeada por suscripción popular, a la nueva Comandancia, siendo madrina de la misma la esposa del Alto Comisario de España en Marruecos. El abanderado era el teniente laureado, D. José López de Haro del Rey[20].

La primera escolta personal o inmediata del General Franco

El mismo día 19 de julio de 1936, un brigada de La Legión y seis miembros de la Guardia civil —un sargento y cinco guardias— de la Comandancia de Marruecos son designados para formar la escolta inmediata del General Franco, al que acompañaron el 6 de agosto en el viaje aéreo de Tetuán a Sevilla.

Por exigencias de la guerra, el 14 de agosto de este mismo año once guardias, al mando del teniente D. Eusebio Torres Liarte, de

---

18.- Gaceta de Madrid nº 179.

19.- «Por R.O. de 16 de mayo de 1930, a las fuerzas de la Guardia Civil destacadas en Marruecos se les concede el uso de Bandera de Combate, para «perpetuar con tan gloriosa enseña los servicios prestados en la zona del Protectorado y plazas de soberanía».

20.- La Laureada de San Fernando le fue concedida por R. O. de 5 de diciembre de 1929 (D. O. Nº 271) por la acción de Peñas Altas en el año 1927.

la Comandancia de Marruecos con destino en las fuerzas jalifia-nas, parte para la Península con el objeto de incrementar el núcleo inicial de la escolta personal del General Franco, lo que motivó que unos días más tarde —sobre el 18 de agosto— el teniente coronel Franco Salgado-Araujo reorganizara en Sevilla la escolta inmediata y nombrara jefe de estos servicios al teniente Torres Liarte[21]. Poco después, dos guardias de esta misma escolta per-derían la vida en un fatídico accidente aéreo al estrellarse el avión trimotor en el que viajaban conduciendo pliegos oficiales.

Como característica más significativa se destaca que, para la prestación de determinados servicios de protección, algunos guardias de la escolta inmediata solían vestir de paisano. en cuva indumentaria civil incluían, como signo distintivo diferen-ciador, un pequeño lazo formado con cintas de los co-lores nacionales que llevaban colocado en la solapa izquierda de la americana o prenda equivalente. Los componentes de esta escolta personal estaban armados con el subfusil de origen alemán, *Schmeisser* MP-28, el cual portaban, incluso, estando vestidos de paisano[22].

La escolta uniformada utilizaba el vestuario de color caqui, reglamentario en las fuerzas de la Guardia Civil destinadas en Marruecos, compuesto de guerrera, pan-talón recto y, como prenda de cabeza, el sombrero de hule negro con barboquejo, mientras que el jefe de dicha escolta, el teniente D. Eusebio Torres Liarte, usaba la gorra de plato propia de las fuerzas jalifianas, es decir, con el plato de la misma de color verde y la parte cilíndrica de color rojo, en cuyo frente llevaba el emblema de la GC bajo corona mural, así como el correaje, tipo Sam Browm, de color avellana, compuesto de ceñidor y un tirante en bandolera, del hombro derecho al cos-tado izquierdo, cuyos extremos se abrochaban en las anillas cosi-das al ceñidor. El personal de tropa de la guardia inmediata, para facilitar la movilidad dentro de los vehículos, utilizaba bandolera de cuero barnizado de amarillo-ocre, que cruzaba desde el hom-bro izquierdo al costado derecho, de cuyos extremos pendía una canana de cuatro cartucherines de cuero negro, para alojar en su interior ocho —dos por cartucherín— cargadores *Mauser*. El ar-mamento individual reglamentario se componía de mosquetón

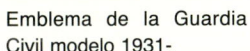

Emblema de la Guardia Civil modelo 1931-

21.- Franco Salgado-Araujo, Francisco: *Mi vida junto a Franco*, Editorial Planeta, Barcelona, 1977.

22.- Algunos miembros de la escolta personal, así vestidos, fueron fotografiados en Burgos el 1º de octubre de 1936. Precisamente, en una de esas fotografías puede verse al brigada de La Legión, antes aludido, y otro miembro de la escolta, éste vestido de paisano, y ambos van armados con el subfusil MP-28. Algunos textos explicativos de estas fotografías dan lugar, por desconocimiento de los autores, a todo tipo de conjeturas y especulaciones de lo más variado que uno se pueda imaginar, tales como, por ejemplo, *«Distribución de armas en Pamplona a las primeras columnas»*, etc.

Mauser español, mod. 1916 (sin machete para no entorpecer la rapidez de acción), subfusil MP-28 y pistola semiautomática *Star*, de 9 mm. Largo.

La escolta, así uniformada, es la que prestó servicio de protección inmediata al general Franco durante los actos celebrados en Burgos el 1º de octubre de 1936 con ocasión de la transmisión de poderes tras su designación como Jefe del Estado y Generalísimo de los Ejércitos[23]. Así puede contemplarse en los diversos reportajes fotográficos y documentales cinematográficos que se realizaron con motivo de la efeméride.

Capitán de la escolta personal, D. Eusebio Torres Liarte. Burgos 1938

De la escolta personal o inmediata, se encargaba, como ya se ha dicho, el teniente D. Eusebio Torres Liarte, ahora ascendido a capitán[24], con responsabilidad también en funciones de intendencia del Cuartel General. La escolta personal, además de los anteriores, la integraban, al menos, otros dos tenientes de la Guardia Civil, un alférez de La Legión, algunos requetés navarros, tales como el sargento del Tercio de Abárzua, D. Julio Mansoa Andía[25] y el falangista D. Vicente Gil, que más tarde llegaría a desempeñar el cargo de médico personal del Generalísimo.

Por disposición de S. E. el Generalísimo[26], la Jefatura de los Servicios de Seguridad del Cuartel General le es conferida al comandante de la Guardia Civil. D. Lisardo Doval Bravo y, con dependencia del mismo, lo que afecta a la disciplina de todas las fuerzas europeas y marroquíes encargadas de su guardia.

Comandante Lisardo Doval Bravo con Franco.

23.- Decreto nº 138 de la Junta de Defensa Nacional, Boletín Oficial nº 32.

24.- Resolución de 20 de mayo de 1937 (BOE nº 214)

25.- Destinado por resolución de 29 de noviembre de 1937 (BOE nº 406).

26.- Orden de 8 de mayo de 1937 (BOE nº 206, de 12 de mayo de 1937).

La Compañía Mixta y el Escuadrón de Escolta del Generalísimo

El 5 de octubre de 1936 el general Franco, investido ya de plenos poderes como Jefe del Estado y Generalísimo de los Ejércitos, establece el Cuartel General en Salamanca y fija su residencia en el palacio episcopal, cedido para la ocasión por el obispo titular de la diócesis, monseñor D. Enrique Pla y Deniel.

Como consecuencia de esta nueva situación, sentida la perentoria necesidad de disponer de nuevos efectivos para incrementar los servicios de guarnición y seguridad del Cuartel General, incluida la guardia y escolta del propio Jefe del Estado, se planea la organización de dos unidades, claramente diferenciadas en cuanto a misiones y cometidos se refiere. Una vez concluido el proyecto organizativo de ambas unidades, éste se presenta a la aprobación del Generalísimo, quien toma la decisión de encomendar la guardia de su persona a tropas moras que, según el plan propuesto, deberían quedar constituidas bajo el pie de una compañía mixta de infantería y un escuadrón de caballería.

La compañía de infantería estaba destinada a formar la Guardia de Honor, que sería la encargada directa de rendir honores y garantizar la seguridad del Generalísimo en los actos oficiales a los que él asista, mientras que el escuadrón de caballería debería constituir el Escuadrón de Escolta, con el cometido de dar escolta montada al Jefe del Estado, embajadores, etc.

La Compañía Mixta de Escolta, queda constituida en los albores del mes de noviembre de 1936; la formaban dos secciones integradas por oficiales, suboficiales y tropa europea de la Guardia Civil de la Comandancia de Marruecos y una sección de tropas jalifianas de la Mehaznía Armada de la Zona del Protectorado. El Escuadrón de Escolta, formado durante los últimos días de enero de 1937, llega a Salamanca el 7 de febrero de este mismo año, lo integraba el 2º Escuadrón del Tabor de Caballería del Grupo de Fuerzas Regulares Indígenas de Tetuán nº 1.

Este ha sido el origen de la que popularmente se conocía con el sobrenombre de «Guardia Mora».

La Compañía Mixta de Escolta-Guardia de Honor

El 18 de octubre de 1936 D. Buenaventura Cano Portal, capitán de la 7ª Compañía de la Comandancia de Marruecos parte de Melilla con dirección a Tetuán para hacerse cargo del mando de la Compañía Mixta Expedicionaria, compuesta por 125 guardias europeos y 80 guardias indígenas (mehaznies), organizada en la capital de la Zona del Protectorado con el objeto de unirse al Ejército de Operaciones en la Península.

Tres días más tarde —el 21 de octubre—, hallándose la compañía formada en orden de parada y con sus oficiales al frente, se requiere de aquellos guardias indígenas que, de forma voluntaria, quisieran luchar en España dieran un paso al frente. También se formuló la misma pregunta a los guardias europeos; unos y otros, sin dudar, dieron el paso al frente que se les demandaba, partiendo acto seguido hacia Ceuta, en cuyo puerto es embarcada la fuerza y toda la impedimenta en el buque de transporte «*Ciudad de Alicante*», que acto seguido zarpa para Algeciras.

D. Buenaventura Cano Portal, capitán jefe de la Compañía Mixta. (Fotografía archivo familiar Cano Portal)

Ya en la Península, cuando la Compañía Mixta Expedicionaria se dirigía al frente de Madrid, a su paso por Cáceres es informada por el Mando que su destino es la plaza de Salamanca y que allí, por orden expresa de S. E. el Generalísimo, iba a constituir la Guardia del Jefe del Estado, por lo que se dispone su inmediata salida para Salamanca. Nada más llegar al Cuartel General del Generalísimo, y una vez efectuada su presentación, se le encomienda, además de dar servicio de guarnición al citado Cuartel General, tal como estaba previsto, la misión de escolta y guardia de honor del Jefe del Estado.

Sección de guardias indígenas acude al relevo de guardia en el Palacio Episcopal. Salamanca 1937 (Fotografía Biblioteca Nacional de España)

Varios días después de la presentación oficial de la Unidad, el general Millán Astray les dirige una emocionada arenga para ponderar el honor que el Generalísimo les dispensaba. Entre otras palabras, el fundador de La legión les exhorta:

La vida del General la tenéis desde hoy en vuestras manos; velad por ella, que falta le va a hacer a España.

La Unidad, desde ese mismo momento, queda instalada militarmente en dependencias del convento de Santo Domingo de la capital *charra*.

El 13 de noviembre de 1936 ya se podían ver guardias moros montando la centinela ante el edificio del palacio episcopal, sede del Cuartel General en Salamanca. Para estos servicios de guarnición se usaba sobre el uniforme la candora, prenda por excelencia de las fuerzas jalifianas[1], llevando siempre encima de la misma el correaje con las cartucheras específicas de estas fuerzas —sólo utilizado cuando se vestía la candora en los servicios

Relevo de guardia. Detalle de las cartucheras porta granadas. Salamanca 1937.

prestados en el cuartel general de campaña del Generalísimo (llamado *Terminus* para evitar su localización por el enemigo), o en aquellos otros de guarnición que el mando determinara—. Asimismo, para el desempeño de estos servicios se les proveía, como arma ofensiva, de dos granadas de mano «*Laffite*» o «*Breda*», que portaban en sendos estuches de cuero, de forma cilíndrica, colocados en la parte posterior del correaje.

A finales de 1936, o comienzos del año 1937, la Compañía comienza a prestar los servicios propios de su especialidad en todos cuantos actos oficiales a los que asiste el Generalísimo, recibiendo encomiables muestras de elogio por la magnífica disciplina —elemento esencial en todo

Sección de guardias indígenas al mando del caid Mohamed Ben Mohamed Chaui. Salamanca 1937. (Fotografía Biblioteca Regional de Madrid).

1.- La candora, aunque es una prenda típicamente moruna, reglamentaria en las fuerzas jalifianas de la zona del Norte del Protectorado, es de origen español ya que tiene su precedente en la antigua *«aljuba»* o *«alcandora»* que los guerreros medievales que las mesnadas castellanas usaban sobre la cota de mallas. Con el paso del tiempo, esta prenda también sería declarada reglamentaria para las Fuerzas Regulares Indígenas (Reglamento de Uniformidad de 1943).

Guardias indígenas en uniforme de diario. Salamanca 1937 (Colección particular)

cuerpo militar— y brillante marcialidad que presentan.

El mando de la Unidad lo sigue manteniendo el capitán de la Guardia Civil D. Buenaventura Cano Portal[2], siendo auxiliado en su cometido por varios tenientes del propio Cuerpo, entre otros, D. Manuel Cámpora Rodríguez[3] y D. Antonio López de Haro del Rey[4], así como por el Caíd de la Mehaznía, Mohamed Ben Mohamed Chaui, quien estaba a cargo de la sección de guardias indígenas.

Los días 1 y 3 de marzo de 1937, con motivo de los actos celebrados en Salamanca con ocasión de la presentación de cartas credenciales de los respectivos embajadores de Alemania e Italia ante S. E. el Jefe del Estado, tanto al *Escuadrón* —del que más tarde se hablará— como a la «Compañía Mixta de Escolta de S. E. el Generalísimo»[5], les había llegado la hora de su *«puesta de largo»* ante los distintos medios de comunicación y la opinión mundial.

Porta banderín de.la Compañía Mixta. Salamanca 1937

El 4 de marzo el diario *ABC*, en la reseña que hace sobre la presentación de credenciales del embajador alemán, en relación con algunas prendas de uniforme de la *Guardia*, concretamente en referencia expresa al color del sulham, se reseña:

En la puerta principal del Ayuntamiento [de Salamanca] estaba la Guardia civil mora, con sus vistosos uniformes con capotes morados[6] y formando

2.- Ascendido a general de brigada de la Guardia Civil en el año 1965.

3.- Al igual que el capitán Cano Portal, alcanzó el empleo de general de brigada de la Guardia Civil en el año 1967. Había sido miembro de la Ponencia para la redacción del Reglamento de la Mejaznía, destinado a la misma por orden de 26 de febrero de 1935 (Gaceta de Madrid nº 62). Era hijo de D. Manuel Cámpora Cornejo, teniente coronel Primer Jefe de la Comandancia de Valladolid.

4.- Hermano del heroico laureado, D. José López de Haro del Rey.

5.- Así aparece denominada en la literatura oficial del BOE.

6.- Se desconocía esta referencia al color *«morado»* de los sulham. Este no coincide

la escolta, en la escalera principal, más Guardia civil mora con capotes blancos.

Y sobre lo anterior, continúa expresando:

> Al llegar frente al ayuntamiento desciende el jefe del Estado [...] y atraviesa la fila de moros de la Guardia Jalifiana, con capotes morados[7], que le rinden honores.

> El Jefe del Estado [...] subió por la magnífica escalera de mármol, a lo largo de la cual estaban formados una sección de mezjníes [sic] con sus capas blancas.

El 9 de septiembre de 1937 la Compañía parte para Burgos, por haber sido trasladado a esta capital el Cuartel General del Generalísimo y, por lo tanto, fijada en ella la residencia oficial de S. E. el Jefe del Estado.

En 1938 se dispone que el capitán de la Guardia Civil D. Luis López de Ochoa y Motta[8], un brigada, cuatro sargentos, un cabo y seis guardias europeos de la Comandancia de Marruecos, pasen destinados a reforzar el Cuartel General del Generalísimo, integrándose en la «*Compañía Mixta de Escolta*» afecta a dicho Cuartel General.

Gastador indígena de la Compañía Mixta. Salamanca 1937.

La Orden General de la Comandancia de Marruecos, correspondiente al 9 de mayo de 1938 —que por su interés se transcribe íntegramente— expresa lo siguiente:

> Artículo único.- Con motivo de la revista que he girado a la Compañía Expedicionaria de la Comandancia que se halla afecta al Cuartel General del Generalísimo, he podido apreciar con satisfacción el ele-

con la descripción facilitada por fuentes tan diversas, pero unánimes en su apreciación, que citan expresamente que esta prenda era de color rojo o encarnado. Quizás el error resida, aunque este autor no está muy seguro, en una distorsión cromática o apreciación subjetiva del color grana o rojo, trocado, en este caso, en morado por efecto de la luz. Cabe una segunda interpretación o posibilidad ya que es posible, aunque no probable, que en esta primera época los sulham, en efecto, fuesen de color granate (que no morado), y que cuando se reemplazaron los uniformes de tonalidad caqui gris-verdoso por la nueva uniformidad especial, en sus modalidades de verano e invierno, éstos hubiesen sido sustituidos por otros de color rojo o encarnado, pero esto es tan sólo una remota, por no decir descabellada, posibilidad.

7.- Como se ve, se sigue insistiendo en el color morado de los sulham.

8.- Era hijo del general López Ochoa y se encontraba destinado como profesor en la Academia Militar de Tahuima (Marruecos), comisión para la que fue nombrado por orden de 20 de mayo de 1938 (BOE nº 578).

Guardias indígenas de la Compañía Mixta en uniforme de guarnición. Salamanca 1937.

vado espíritu en que se halla, así como la magnífica disciplina que demuestra el personal que la constituye, todo lo cual ha impresionado al señor Coronel Jefe de los servicios de aquel Cuartel General, de forma tal, que me ha hecho presente, en términos de verdadero encomio, el comportamiento ejemplar de todos y la satisfacción inmensa de tener a sus órdenes tropas tan selectas. Y esta valiosa opinión emitida por un jefe de tanto prestigio me ha llenado de orgullo que quiero comparta conmigo toda la Comandancia de Marruecos, a cuyo personal debe servir de ejemplo aquella conducta modelo de sus compañeros en la que deben inspirarse todos para sostener y aumentar si cabe el sólido prestigio de nuestro amado Instituto. Con mi felicitación a la expresada Compañía, va también, claro está, mi gratitud para el capitán, oficiales, suboficiales y clases que han sabido corresponder con su celo y competencia, al inconmensurable honor recibido. Así como también felicito efusivamente al capitán don Eusebio Torres Liarte y personal de la escolta que en íntima colaboración con ella y practicando sus mismas normas de disciplina y amor al servicio, han merecido la máxima distinción de nuestro Caudillo, al confiarle los servicios delicados cerca de su persona[9].

El 24 de junio de 1938, con ocasión de la presentación de cartas credenciales al Jefe del Estado por parte del Nuncio de Su Santidad y del embajador de Portugal; el diario *ABC* del día 25, en la reseña del acto firmada por *Juan de Córdoba*, en referencia al color del sulham, dice lo siguiente:

.... capas rojas de los mehaz níes...[10].

En el funeral en memoria de José Antonio, oficiado en la catedral de Burgos en noviembre de 1938, al que asiste el Generalísimo, el poeta Agustín de Foxá glosa la uniformidad de su guardia en los siguientes términos[11]:

Sección indígena de la Compañía Mixta de Escolta con uniforme de verano. Burgos 1938. (Fotografía BNE)

9.- Martínez Quesada, Francisco: *La Guardia Civil en el Norte de África (II)*, Revista de Estudios Históricos de la Guardia Civil nº 18, Madrid, 1976, págs. 66 y 67. Como podrá comprobarse, en esta O. G. se hace clara y especial distinción entre la Compañía Mixta y la escolta personal.

10.- Ahora, muy acertadamente, se expresa que el sulham es de color rojo.

11.- Foxá, Agustín de: *Dolor y memoria de España*, Editorial Jerarquía, 1939.

Sección de guardias indígenas al mando del teniente José Calero (Archivo Ayto. de Burgos)

Los moros, con guerrera azul y capas blancas, limpios turbantes de lino, presentan sus fusiles de correajes amarillos bajo las acacias.

Como armamento individual reglamentario, tanto los guardias europeos como el componente indígena, tenían asignado el fusil *Mauser* español, mod. 1893, de 7x57 mm, armado con el machete largo, mod. 1913. El cornetín de órdenes tenía de dotación el mosquetón *Mauser* español, mod. 1916, también calibre 7x57 mm, provisto de machete, también del mod. 1913, mientras que el portaguión de la compañía, así como algunos sargentos indígenas y guardias europeos —en actos fuera de formación— utilizaban el subfusil MP-28. Las granadas de mano *Laffite* o *Breda* —como ya se ha dicho— solamente se empleaban en las guardias y servicios de guarnición del Cuartel General o en aquellos otros que se prestaban en las inmediaciones de *Términus*[12].

Capitán Cano Portal, oficiales, porta-banderín y gastadores. Burgos 1938. (Fotografía BNE)

Banderín y gastadores. Burgos 1938.

12.- Nombre en clave que oficialmente se daba al cuartel general volante o de campaña del Generalísimo, improvisado en primera línea, para evitar su posible localización por el enemigo.

Formación de guardias in-
dígenas con uniforme de
invierno. Burgos 1938.

Relevo de guardia. Burgos
1938. (Archivo Ayto. de
Burgos)

El Escuadrón de Escolta

A finales del mes de enero de 1937 se ordena al 2º Escuadrón del Tabor de Caballería del Grupo de Fuerzas Regulares Indígenas de Tetuán nº 1[13], se traslade a Salamanca para prestar en aquella plaza servicio de escolta al Jefe del Estado y Generalísimo de los Ejércitos. El 7 de febrero del citado año el escuadrón llega a Salamanca, constituyendo desde entonces el magnífico y espectacular *«Escuadrón de Escolta»*, que se haría famosísimo por el sobrenombre de «Guardia Mora».

Las fuerzas del escuadrón quedaron alojadas en dependencias del Cuartel de Caballería, en donde se les habilitó un sector expresamente para ellos.

El 1º de marzo de 1937, con ocasión de la presentación de cartas credenciales del nuevo embajador de Italia ante S.E. el Jefe del Estado, el Escuadrón de Escolta le cupo el honor de darse a conocer ante propios y extraños escoltando, por primera vez, al Generalísimo desde el palacio episcopal hasta la Plaza Mayor de Salamanca, llamando la atención durante el trayecto por la brillantez y marcialidad de las fuerzas que lo componían.

13.- En la literatura oficial aparece denominado como «Segundo Escuadrón de Regulares de Tetuán 1-Escolta de S. E. el Generalísimo

Dos días después —el 3 de marzo— tiene lugar la acreditación del nuevo embajador de Alemania, causando, si cabe, mayor impacto que la jornada precedente.

La reseña que el diario *ABC* hace del acto, que por su interés no nos resistimos a reproducir algunos párrafos, dice lo siguiente:

> A las doce menos veinticinco hace su entrada en la plaza Mayor el jefe del Estado [...]. Primeramente aparecieron por el arco de la calle de García Barrado la escuadra de bastidores [sic] del grupo de Regulares de Tetuán, que es la encargada de dar escolta al Generalísimo; sigue [el Caudillo] rodeado de moros, montando magníficos caballos árabes, y detrás la Banda de cornetas y el escuadrón.
>
> Estas fuerzas son mandadas por el capitán don Rafael Cadenas [sic] y los alféreces, Ayala, Moreno y caíd Alí. La estampa es preciosa y, no obstante haberse visto hace dos días, no se cansa la gente de admirarla. Los moros visten sus bonitos uniformes, con turbantes y lucidas capas azules. Las pezuñas de los caballos de los batidores van pintadas de oro, y las de los cornetas, de plata; las cabalgaduras son preciosas.

Capitán D. Rafael de Cárdenas Moya y porta-guión del Escuadrón. Salamanca 1937. (Colección particular)

> Una sección del escuadrón de Regulares de Tetuán, mandada por el teniente Sandoval, se dirigió a las once y media al Puente Nuevo para esperar la llegada del embajador de Alemania en España, Excmo. Sr. general von Faupel [...] para darle escolta.
>
> ... Figuraban en primer lugar la Escuadra de batidores, integrada por cuatro moros y un cabo [...] seguía [el automóvil] rodeado por la sección de Regulares y cabalgando al estribo derecho el jefe de la carrera.

En efecto, el escuadrón estaba mandado por el capitán de Caballería, D. Rafael de Cárdenas Moya, auxiliado por el teniente D. Carlos Sandoval y de Coig[14], el alférez D. Miguel Ayala Casaubón[15] y el de la

Batidores del Escuadrón de Escolta. Salamanca 1937. (Colección particular)

14.- Con motivo de su ascenso a capitán, por conveniencia del servicio, pasa destinado al Cuadro Eventual de la Milicia Nacional (Orden de 22 de mayo de 1937. BOE nº 216, de 24 de mayo).

15.- En 1928 era sargento de Caballería y se encontraba destinado en el Regimiento Cazadores de Lusitania nº 12. En 1934, ya con el empleo de brigada, se hallaba destinado

misma clase, D. Pedro Moreno de los Ríos y Guerrero[16], así como también el caíd Sid Alí Ben Mohamed Laguari.

Lanceros del Escuadrón de Escolta Salamanca 1937.

A finales de 1937 el escuadrón se componía de unos 130 efectivos y ahora aparece mandado por el capitán de Caballería, D. Joaquín Porres Iriarte. Sus componentes procedían de las comarcas llanas o poco montañosas del Protectorado de Marruecos, que eran las que daban los mejores jinetes, aunque algunos también procedían de la zona francesa.

Los caballos, atendiendo a su morfología, pertenecían a dos grupos: los más pequeños y briosos eran de procedencia africana, mientras que los de mayor alzada procedían de los extinguidos regimientos de caballería peninsulares, cuando la República suprimió éstos y envió el ganado sobrante a Marruecos.

El uniforme que llevaban los componentes del Escuadrón, según manifestaciones del propio capitán Porres[17], era el:

Lancero del Escuadrón de Escolta. Puede observarse la lanza de bambú. Salamanca 1937 (Colección particular).

...traje caqui [garbanzo] de los Regulares, con el clásico «sulham» blanco, pero en las ceremonias lucen un uniforme de gala muy parecido al de la Guardia Jalifiana, colorista y decorativo, y llevan, además de las armas corrientes, largas lanzas de bambú. El enjaezado de los caballos es también de gran elegancia.

El capitán Porres concluye la entrevista, haciéndose eco del sentir de sus hombres, con las siguientes palabras:

en el GFRI de Tetuán nº 1. Por Orden de 20 de octubre de 1936 es ascendido al empleo de teniente (BOE nº 8, de 22 de octubre).

16.- Por Orden de 1 de noviembre de 1936, una vez superado el curso correspondiente, se le concede aptitud para el desempeño del empleo de alférez de caballería, pasando destinado al GFRI de Tetuán nº 1 (BOE, suplemento nº 45, de 2 de noviembre).

17.- Diario *ABC* de fecha 7 de noviembre de 1937.

El mayor orgullo de nuestra vida militar es que la providencia nos haya deparado el honor de dar escolta al Generalísimo en estos momentos solemnes.

El armamento de la escolta lo constituía la lanza reglamentaria enastada en caña de bambú[18]; la espada-sable para tropa de Caballería *Puerto-Seguro*, mod. 1908, así como la carabina *Mauser* español, mod. 1893 o, en su defecto, el mosquetón *Mauser*, mod. 1916, ambos del calibre 7x57 mm.

En el mes de marzo de 1938, con motivo de su reciente promoción al empleo superior, el capitán Porres[19] es relevado del mando del Escuadrón, por lo que es designado para tal cometido el capitán de Caballería, recientemente ascendido, D. José Gavarrón Zambrano[20].

Jinete del Escuadrón de Escolta (Archivo Ayto. de Burgos).

Jinete del Escuadrón en su acuartelamiento (Archivo Ayto. de Burgos).

18.- Estas lanzas eran de procedencia argentina llegadas a España en 1922, las cuales tras pasar por diversos regimientos de lanceros, en 1936 son asignadas al Escuadrón de Escolta, siendo actualmente empleadas por el Escuadrón de Lanceros de la Guardia Real. La lanza de bambú anterior, sin saber el motivo, entre 1937 y 1938, es sustituida por la lanza española modelo 1905.

19.- Por Resolución del Generalísimo, en propuesta extraordinaria, de 24 de marzo de 1938, es ascendido al empleo de comandante de Caballería, con antigüedad del día 18 del mismo mes y año. (BOE nº 522, de 27 de marzo de 1938). Advertidos errores en esta resolución, se publica debidamente rectificada (BOE nº 532, de 6 de abril de 1938).

20.- Por la misma Resolución anterior es ascendido al empleo de capitán de caballería, concediéndole también la antigüedad de 18 de marzo de 1938.

UNIFORMIDAD

La uniformidad de la Compañía Mixta de Escolta

La uniformidad del componente europeo de la Guardia Civil de Marruecos estaba perfectamente definida en la «Cartilla de uniformidad» vigente en la época objeto de estudio, mientras que la del personal indígena (Mehaznía) aparece descrita en el Reglamento de uniformidad para las fuerzas jalifianas, circunstanciado en Tetuán el 20 de agosto de 1934, y aprobado por orden circular de 28 del mismo mes y año[1].

Guardia indígena en uniforme de diario.

La necesidad de un vestuario, mucho más acorde con la climatología y la alta misión encomendada a la unidad, hace que durante el verano de 1937 se dote al personal indígena de la Guardia de una nueva uniformidad especial, en su modalidad de verano, de la que —como ya se dijo— no ha quedado constancia documental alguna sobre la implantación y regulación de este vestuario específico.

El uniforme de color caqui gris-verdoso, definido en el Reglamento de uniformidad para las fuerzas jalifianas y que se venía utilizando desde los primeros meses, con la adopción del nuevo vestuario queda prácticamente relegado a determinados servicios de campaña o guarnición.

La uniformidad de la Guardia, en esencia, es la que a continuación se detalla.

1.- Gaceta de Madrid nº 243 y Colección Legislativa del Ejército nº 499.

Descripción de las prendas

Personal europeo

Oficiales

Guerrera.- De color caqui y de la misma forma que determina el Reglamento de Uniformidad para Jefes y Oficiales aprobado por R.O.C. de 16 de diciembre de 1926 (C.L. núm. 13, apéndice).

Con esta guerrera se usa tirilla de piqué blanco, sobresaliendo dos milímetros del cuello de la prenda. Se tolera, incluso en actos de gala, doblar el cuello de la camisa por encima del de la guerrera.

Capitán con sulham rojo y teniente con sulham rojo y alquicel blanco

Calzón.- De igual paño y color que la guerrera y de la forma reglamentaria para el Ejército. También se tolera el uso de calzón de color beige, con *remontas* de ante.

El pantalón largo solamente estaba autorizado en actos particulares o en aquellos servicios que se realicen sin mando de tropas.

Calzado.- Bota alta de montar, de color negro, con espuelas.

Correaje.- El reglamentario para la oficialidad, de cuero color avellana, con hebillaje plateado.

Prenda de cabeza.- Sombrero de corcho con funda de hule o charol negro, reglamentario en el Instituto de la Guardia Civil. Al mando de tropas, se usa el barboquejo reglamentario.

Correaje de oficial.

Guantes.- De hilo blanco. También estaba tolerado el uso de guantes-manopla, también de color blanco.

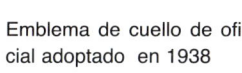

Emblema de cuello.- El compuesto por las iniciales G.C. enlazadas, sin corona, de metal blanco. A partir de 1938, al emblema se le agrega corona imperial abierta.

Emblema de cuello de oficial adoptado en 1938

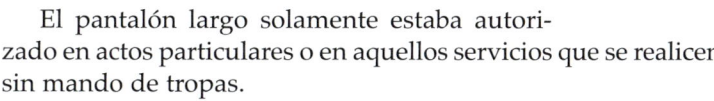

Botones.- Plateados, reglamentarios en la Guardia Civil, según O.C. de 20 de mayo de 1931 (C.L. núm. 272).

Divisas.- Plateadas.

Pelliza.- De color azul tina, con cuello vuelto, bocamangas y guarniciones de astracán negro, ribeteado de cinta negra, abrochada en la parte delantera con cuatro alamares de cordón negro. Usada en actos de gala, al mando de tropas en formación.

Capote de montar.- De paño azul tina, con aletas y esclavina larga, con cuello vuelto de paño grana. Esta prenda se utilizaba en determinados de servicios de guarnición, al mando de tropas indígenas.

Oficial con pelliza. Salamanca 1937

Sulham.- Para actos de gala o gran gala, los oficiales usan sulham de lana de color rojo, con vivos y borla de color blanco y sulham de color blanco. Cuando se usan las dos prendas al mismo tiempo, el sulham blanco se utiliza como forro del anterior.

Otras prendas.- A partir del verano de 1938, para servicio en el campo, los oficiales usan saharianas de procedencia italiana, de color caqui y como prenda de cabeza el gorrillo, también de color caqui, con borla y soutache de hilo de plata.

Suboficiales y tropa

Usan el mismo uniforme que los oficiales, con las siguientes variaciones:

Guerrera.- De la misma forma y color que los oficiales, sin la portezuela de color carmesí de las bocamangas, característica del uniforme gris-verde de la Guardia Civil peninsular[2].

Calzado.- Bota baja o borceguí y *leggins* de cuero color negro.

Guardia europeo en uniforme de gala en formación.

2.- En un principio, se creía que las bocamangas de las guerreras de suboficiales y tropa de África tenían la misma forma que las del uniforme gris-verde de la Guardia Civil peninsular. Esto no fue así, ya que las prendas se confeccionaron bajo idéntico patrón que las de oficialidad, cuyas bocamangas, por lo tanto, ni son rectas ni llevan la portezuela carmesí con tres botones, sino que terminan en pico, cuyo extremo va rematado por un botón pequeño.

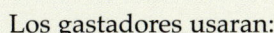

Correaje.- El reglamentario en la Guardia Civil, de color amarillo-ocre, compuesto de ceñidor, con chapa aprobada por O.C. de 20 de mayo de 1931 (C.L. nº 272), dos tirantes y tahalí para el machete; dos bolsas de municiones tipo *Carniago*, de color negro.

Divisas.- Plateadas para los suboficiales y de estambre grana para clases y tropa.

Sulham.- Para actos de gran gala, usan sulham de color rojo con vivos blancos o sulham blanco. Cuando se utilizan las dos prendas al mismo tiempo, el sulham blanco se emplea como forro del anterior. Al confeccionarse nuevos sulham se suprimieron, por economía, los vivos blancos que llevaba la prenda de color rojo.

Escuadra mixta de gastadores. Burgos 1938. (Archivo Ayto. de Burgos)

Los gastadores usaran:

Manoplas.- De color amarillo-ocre, con el emblema compuesto por las iniciales G.C. enlazadas, sin corona, de metal blanco.

Cordones.- De seda color amarillo brillante.

Gastadores: Guardia europeo y Guardia indígena.

Personal indígena

Oficiales

El único oficial indígena que figuraba en la plantilla de la Compañía era un caíd (teniente), cuyo uniforme era en todo igual al usado por la oficialidad europea, diferenciándose tan sólo en el color del paño, que era el caqui gris-verdoso empleado por las fuerzas jalifianas. Como cubrecabezas, tarbush de color rojo con borla negra, llevando en el frente las divisas propias de su empleo. Utiliza sulham de color blanco cuando el resto de la tropa, con la excepción del porta-guión, cornetín de órdenes y gastadores, lleva el de color rojo.

Tropa

<u>Guerrera</u>.- De la misma forma que la reglamentaria en la Mehal-la Jalifiana, de color caqui gris-verdoso, con la única diferencia de llevar unos triángulos equiláteros, de color rojo, colocados sobre los picos de ambos lados del cuello, con su base hacia arriba, según determina la O.C. de 28 de agosto de 1934 (C.L. núm. 499).

<u>Emblema de cuello</u>.- El reglamentario en el Instituto de la Guardia Civil, adoptado por O.C. de 20 de mayo de 1931 (C.L. núm. 272) y, debajo de él, en la punta del cuello, superpuesto sobre el triángulo rojo, el de Intervenciones Militares, según modelo aprobado por R.O.C. de 28 de abril de 1926 (C.L. núm. 165).

<u>Zaragüel</u>.- De paño caqui gris-verdoso igual que rrera y del tipo marroquí.

<u>Calzado</u>.- Borceguí y polaina de cuero negro, establecida por O.C. de 12 de febrero de 1935 (C.L. núm. 79) para el personal de tropa de las Fuerzas Jalifianas[3].

<u>Correaje</u>.- De color amarillo-ocre reglamentario en la Guardia Civil, compuesto de ceñidor, dos tirantes, dos bolsas de municiones tipo *Carniago* y tahalí para el machete, llevando debajo del ceñidor la faja de lana de color encarnado. En aquellos servicios de guarnición o campaña, siempre que se emplee la *candora*, amarillo se sustituye por otro de cuero color avellana con cartucheras especiales para estas fuerzas[4]. La chapa de ceñidor es

Guardia indígena en uniforme de diario (gala en formación).

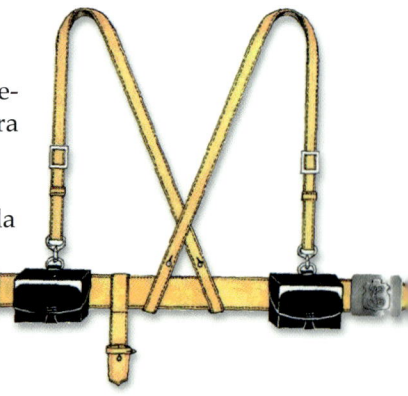

Correaje personal indígena.

3.- Este calzado sustituye a la bota alta con hebillas al costado que prescribía el Reglamento de uniformidad de 28 de agosto de 1934.

4.- El correaje color avellana ha tenido una vigencia relativa, ya que unos meses más tarde se ordena que, con carácter general para todos los servicios, debería utilizarse, incluso sobre la candora, el correaje de color amarillo-ocre.

también la reglamentaria en el Instituto de la Guardia Civil[5], aprobada por O.C. de 20 de mayo de 1931 (C.L. núm. 272).

<u>Cubrecabezas</u>.- Tanto para diario como para gala, se usan rexas de color blanco.

<u>Guantes</u>.- De hilo blanco.

<u>Sulham</u>.- De lana color rojo con vivos blancos y borla grande del mismo color. Otro, de lana, de color blanco, con borla grande también del mismo color.

<u>Faja</u>.- De lana, de color encarnado.

<u>Candora</u>.- Batín de tela caqui. Utilizada para instrucción y servicios internos, así como en aquellos otros que se presten en el campo, en las inmediaciones de S.E., para llevar sobre la guerrera, debiendo usar encima de la candora el correaje de cuero color avellana de la Mehal-la Jalifiana[6]. La prenda lleva, en el costado izquierdo del pecho, el emblema de Intervenciones colocado sobre un parche, de forma ovalada, de paño rojo.

Detalle del emblema mixto dispuesto sobre el cuello de la guerrera de diario del personal indígena. Salamanca 1937.

<u>Divisas</u>.- Plateadas igual que la Guardia Civil y de estambre grana para clases y tropa.

<u>Botones</u>.- Plateados, metálicos, lisos (sin ningún tipo de emblema), semiesféricos, y del tamaño de los reglamentarios.

<u>Distintivos</u>.- Por cada período de reenganche, en el antebrazo derecho un galón de 15 milímetros de ancho, de plata,

---

5.- A juzgar por una fotografía de un desfile de la Guardia Jalifiana por las calles de Tetuán a principios de los años 40 (desfile que, por cierto, algunos autores, erróneamente, atribuyen a la «*Guardia Mora*», por la semejanza del uniforme que ésta tiene con el de aquella otra), se tenía la creencia que la chapa del ceñidor llevaba troquelado el emblema de Intervenciones. La posterior observación de otras fotografías despejó esta duda, pudiendo determinar que, en efecto, es el emblema de la Guardia Civil el que figura en la chapa del ceñidor del componente indígena. Por otro lado, en las fotografías de la Guardia del Jalifa puede observarse que la guerrera blanca lleva una fila de cinco botones (cinco a la vista), mientras que la de la Guardia del Generalísimo esta fila presenta ¡siete botones!. Si estas fotografías hubiesen sido realizadas en color, podría apreciarse que las hombreras de la guerrera de la Guardia Jalifiana son de color verde, mientras que las de la Guardia de S.E. son rojas. El correaje de la Guardia Jalifiana es de color negro, muy similar al reglamentario en el Ejército del Aire por esas fechas. He ahí la diferencia.

Emblema mixto del cuello de las guerreras de tropa indígena.

6.- Más tarde será sustituido por el correaje de color amarillo-ocre.

colocado horizontalmente y de costura a costura de la manga de la guerrera.

Guardias indígenas en uniforme de diario, de servicio en campaña y guarnición y de paseo con capote polaco.

Prenda de abrigo.- Los sulham ya descritos. Para el crudo invierno de Salamanca y Burgos, se les proveyó de capotes de color caqui, de amplío cuello y una sola fila de cinco botones, procedentes, al parecer, de antiguos depósitos de Intendencia[7].

Cornetín de órdenes, porta-guión y escuadra de gastadores

- CORNETÍN DE ÓRDENES

Usa el mismo uniforme descrito anteriormente, con la única diferencia de que el sulham es de color blanco cuando el resto de la tropa utiliza el de color rojo.

7.- Este capote presenta la forma del abrigo reglamentario en el ejército polaco y ha sido, indistintamente, utilizado por algunas unidades tanto del ejército nacional como del republicano, por lo que se infiere que puede proceder de capturas hechas al enemigo.

<u>Manoplas</u>.- De cuero o charol amarillo-ocre, con el emblema del Instituto de la Guardia Civil, formado por el enlace de las iniciales G.C., sin corona[8].

<u>Cordones</u>.- De seda brillante, de color amarillo, llevados sobre el costado derecho. El cordón del instrumento es de color rojo.

<u>Distintivos</u>.- El distintivo propio de su especialidad, con la coca de forma cuadrada, de estambre grana, colocado en los antebrazos, de costura a costura de la manga de la guerrera.

Arriba. Cornetín de órde-
nes. Gala en formación.

Centro. Gala del cornetín
de órdenes.

Derecha. Porta-guión. Gala
en formación.

<u>Paño del cornetín</u>.- De seda de color verde, con los emblemas de la Guardia Civil, en su anverso, e Intervenciones, en el reverso.

- PORTA-GUIÓN

El que lo porta puede ser, indistinta-mente, sargento o cabo. Usa el mismo uniforme, manoplas y cordones des-critos para el cornetín de órdenes.

- ESCUADRA DE GASTADORES

Los componentes de la escuadra de gas-tadores observan el mismo uniforme, mano-plas y cordones que los ya descritos para los anteriores.

Página anterior, abajo.
Guardia indígena con ca-
pote polaco. 1938 (Archivo
Ayto. de Burgos)

8.- En un principio, sobre el emblema, figuraba la corona republicana.

Uniforme en su modalidad de verano

Como ya se había manifestado anteriormente, en el verano de 1937 se dota al personal indígena de la Guardia de una nueva uniformidad especial de verano —mucho más acorde con la climatología y misiones encomendadas a la Unidad— de la cual, exceptuando la información proporcionada por personas que vivieron los acontecimientos o bien aquella otra obtenida a través del estudio de documentación gráfica, no ha quedado constancia documental alguna de órdenes o disposiciones que describan o regulen las características y uso de las distintas prendas que, a continuación, se detallan:

Personal europeo

Oficiales, suboficiales y tropa

Siguen usando el uniforme de color caqui, así como el resto de las prendas ya descritas.

Personal indígena

<u>Guerrera</u>.- De dril blanco, cuya construcción sólo ofrece, con relación a la prenda de color caqui gris-verdoso, las siguientes variaciones: de una fila de siete botones, también plateados, lisos y semiesféricos; sin bolsillos inferiores y los dos superiores con fuelle y hombreras dobles y postizas de paño color rojo. A partir de 1938, en la tapa superior de la

Abajo y página siguiente, arriba. Guerreras de sargento y guardia indígenas y emblema de las hombreras. Gala verano.

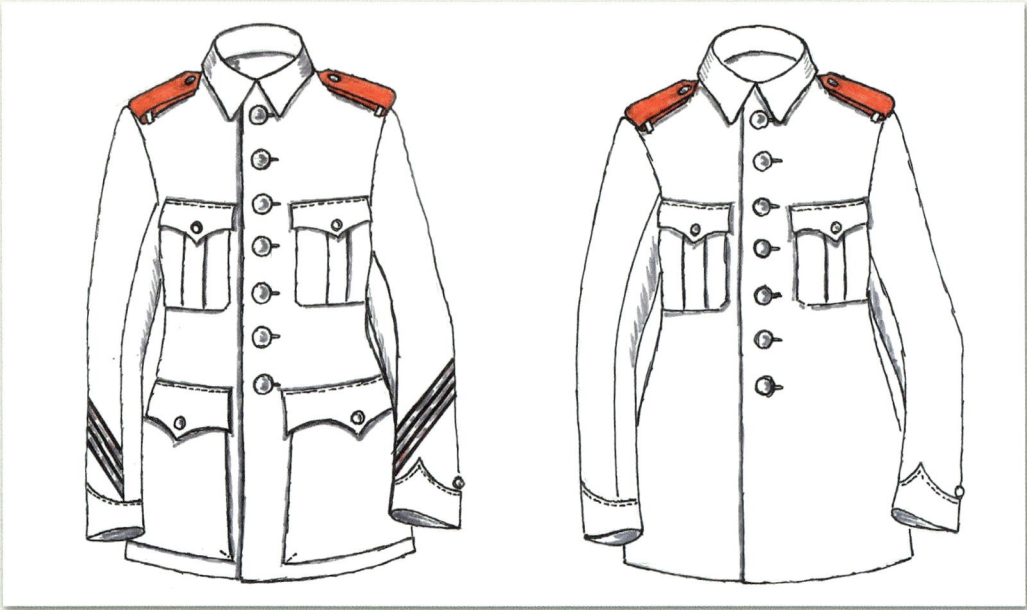

34

hombrera, y en su centro, se coloca el nuevo Escudo Nacional, de metal dorado. La guerrera de oficial y sargentos, respeto a la de tropa, llevaba bolsillos en la parte inferior. Las divisas de empleo continúan ostentándose en las mangas de la prenda.

Zaragüel.-   Del mismo paño que la guerrera, del tipo marroquí.

Calzado.- Borceguíes y polainas de cuero negro.

Cubrecabezas.- Rexas blancas.

Correaje.- Amarillo-ocre, reglamentario en el Instituto de la Guardia Civil.

Guantes.- De hilo blanco.

Sulham.- De lana color rojo.

Otro.- De lana color blanco. También se utiliza como forro del anterior,

Faja.- De lana, en color encarnado.

- Cornetín de órdenes, porta-guión y escuadra de gastadores

Usan el mismo uniforme descrito anteriormente. El sulham, al contrario del que se venía usando con el uniforme caqui gris-verdoso, con este uniforme pasa a ser de color rojo siempre que el resto de la tropa use este mismo color. Las manoplas y cordones siguen siendo amarillos[9].

El cornetín de órdenes, sigue usando el distintivo de su especialidad en la misma forma y color que se ha descrito para el uniforme caqui gris-verdoso.

Primer plano del cornetín de órdenes en uniforme de verano y detalle del reverso del banderín de la Compañía. Burgos 1938. (Fotografía BNE).

9.- En un principio se tenía la duda, razonable por otra parte, si los cordones de la especialidad del cornetín de órdenes, porta-guión y gastadores usados con este uniforme eran de color rojo o amarillo, duda que queda definitivamente despejada gracias al magnífico documental en color sobre la guerra que, en efecto, nos confiirma que el color de los cordones es amarillo («Defensores de la fe», de Russel Palmer, 1938).

Detalle del anverso del banderín de la Compañía. Burgos 1938. (Fotografía colección particular).

Gastador indígena en uniforme de verano. (Fotografía Museo del Ejército)

Formación sección guardias indígenas en uniforme de gala en verano. Burgos 1938. (Fotografía BNE)

Sargento y guardia indígena en uniforme de verano. Burgos 1938. (Archivo Ayto. de Burgos)

Guardia indígena. Uniforme de gala en verano.

Guardia indígena. Uniforme de gala en formación.

Uniforme en su modalidad de invierno

En el invierno de 1937 se dota a todo el personal indígena de la Guardia de una nueva o uniformidad de invierno de la que, asimismo, tampoco ha quedado constancia documental alguna que describa y regule el uso de cada prenda. Es síntesis, el vestuario lo constituían las siguientes prendas:

Personal europeo

Oficiales, suboficiales y tropa

El personal europeo continúa sin variación respecto al vestuario, por lo que seguían usando el uniforme de color caqui ya descrito. En actos de gala, tanto los oficiales como suboficiales y guardias, usan el sulham de color blanco cuando la fuerza indígena utilice el de este mismo color.

Personal indígena

Guerrera.- De paño azul turquí, de una fila de siete botones, plateados, lisos y semiesféricos; cuello alto de color carmesí y vivos de este mismo color. En el cuello, como emblema, solamente se lleva el de Intervenciones Militares.

Zaragüel.- De dril blanco, del tipo marroquí.

Calzado.- Borceguí y polainas de cuero negro.

Cubrecabezas.- Rexas blancas.

Correaje.- El de color amarillo-ocre.

Guantes.- De hilo blanco.

Sulham.- De color blanco. Cuando se usa sulham de color rojo, el blanco se emplea como forro del anterior.

Faja.- De color encarnado.

Divisas.- Continúan llevándose en las mangas de la guerrera; plateadas para sargentos y de estambre grana para clases y tropa.

Distintivos.- Se cambia la disposición del galón por cada período de reenganche que, ahora en la guerrera azul, se coloca en el antebrazo izquierdo, y no el derecho como así estaba reglamentado.

Arriba. Caid y guardias indígenas en uniforme de invierno. Burgos 1938. (Fotografía BNE)

- Cornetín de órdenes, porta-guión y escuadra de gastadores

Usan el mismo uniforme que los anteriores, continuando sin variación las manoplas y cordones. El sulham es del mismo color que el del resto de la tropa.

Abajo. Escuadra mixta de gastadores con uniforme de invierno. Burgos 1938. (Fotografía BNE)

Hasta aquí, todo lo que se ha podido recopilar sobre la historia, vicisitudes y uniformidad de la Compañía Mixta-Escolta del Generalísimo.

Guardia indígena. Uniforme de gala en verano.

Guardia indígena. Uniforme de gala en formación.

Guardia europeo de la escuadra de gastadores. Burgos 1938.

La uniformidad del Escuadrón de Escolta

El vestuario inicial de los componentes del Escuadrón de Escolta se hallaba perfectamente definido y regulado en las distintas ordenes y disposiciones que, sobre la uniformidad de la Fuerzas Regulares Indígenas, se habían dictado al respecto y que, por lo tanto, aún continuaban vigentes en 1936.

Poco tiempo después, de acuerdo con la alta misión encomendada al escuadrón, los uniformes, aunque no sujetos a reglas estrictas de uniformidad, se van haciendo más lujosos, por lo que se adopta un nuevo vestuario especial de gala para ser utilizado en aquellos actos que así lo requieran. Desgraciadamente, no se tiene constancia documental alguna de la existencia de normas regulando el uso de las distintas prendas que componían esta uniformidad, así como tampoco referencia expresa a la fecha en que se realizó la entrega de los citados uniformes, aunque, a juzgar por los indicios que se tienen, todo parece indicar que ésta se realizó hacia el mes de septiembre de

1937 ya que, coincidiendo con el acto de presentación de cartas credenciales del nuevo embajador de Alemania, Eberhard von Stohrer, verificado el día 19 de este mismo, los componentes del Escuadrón aparecen uniformados con el nuevo vestuario de gala.

En los actos celebrados el 12 de octubre de 1937 con motivo de la fiesta de la Hispanidad, los miembros del escuadrón seguían vistiendo, sin variación alguna en las prendas, el uniforme anterior. Y así aparecen uniformados a lo largo de todo el año 1938.

Con la adopción de la uniformidad anterior, el característico vestuario de color *garbanzo*, propio de las Fuerzas Regulares Indígenas, quedaría relegado a un segundo plano al ser utilizado tan sólo para determinados servicios de campaña o guarnición. No obstante, conserva, por razones de economía, algunas prendas características de los Regulares, tal es el caso del serwal color *garbanzo*.

En líneas generales, los uniformes utilizados por los componentes del Escuadrón de Escolta fueron los siguientes:

Descripción de las prendas

Personal europeo

Oficiales

Guerrera.- De color *garbanzo* y de la misma forma que determina el Reglamento de Uniformidad para Jefes y Oficiales aprobado por R.O.C. de 16 de diciembre de 1926 (C.L. núm. 13, apéndice).

Emblema de cuello.- El de Regulares de Caballería, formado por dos lanzas de oro, dispuestas en aspa, y una media luna de plata, en cuyo centro lleva inscrito el número del grupo (en este caso, el nº 1), según modelo aprobado por R.O.C. de 28 de agosto de 1914.

Capitán del Escuadrón de Escolta (Cortesía de José Mª Bueno)

<u>Calzón</u>.- De igual paño y color que la guerrera y de la forma reglamentaria para el Ejército. El calzón beige de canutillo fue también de uso muy común entre los oficiales del Escuadrón.

<u>Prenda de cabeza</u>.- Gorra de plato reglamentaria, de color *garbanzo*, con el plato de color rojo, y las divisas y emblema colocados en la forma reglamentaria.

<u>Calzado</u>.- Bota alta, de cuero color avellana, con espuelas.

<u>Correaje</u>.- Compuesto de ceñidor y dos tirantes, de cuero color avellana.

<u>Guantes</u>.- De hilo blanco.

<u>Divisas</u>.- Plateadas, como en el Arma de Caballería.

<u>Sulham</u>.- De color azul añil y otro, más ligero, de color blanco, que se utilizaba como forro del anterior.

Sargentos

Caid del Escuadrón de Escolta (Cortesía de José María Bueno)

En la plantilla del Escuadrón figuraban, al menos, cuatro sargentos europeos cuyo uniforme era similar al de la oficialidad, con la única diferencia que la prenda de cabeza la constituía la *chechia* o el *tarbuch* de color rojo con borlón azul

Personal indígena

Oficiales

El único oficial indígena que figuraba en la plantilla del Escuadrón, era el caíd Sid Alí, cuyo uniforme, respecto al usado por los oficiales europeos, presenta las siguientes variaciones:

<u>Zaragüel</u>.- Del mismo paño y color que la guerrera, del tipo marroquí.

<u>Prenda de cabeza</u>.- *Chechia* de color rojo, con turbante blanco enrollado sobre la misma al estilo de los oficiales de la Mehal-la Jalifiana.

Tropa

<u>Guerrera</u>.- De color *garbanzo*, de la misma forma que la reglamentaria para la tropa del Ejército, con la única diferencia que ésta lleva una fila de siete botones y bolsillos en la parte inferior.

<u>Emblema de cuello</u>.- El de Regulares de Caballería, formado por dos lanzas de oro, dispuestas en aspa, y una media luna de plata, en cuyo centro lleva inscrito el número del grupo (en este caso, el nº 1), según modelo aprobado por R.O.C. de 28 de agosto de 1914.

<u>Zaragüel</u>.- De dril, de color *garbanzo* y del tipo marroquí.

<u>Calzado</u>.- Borceguí y polaina de cuero color avellana, con espuelas.

<u>Correaje</u>.- De cuero color avellana con cartucheras especiales para estas fuerzas.

<u>Cubrecabezas</u>.- Turbante de estilo argelino, también llamado *Guenour*, rodeado por un cordón de color azul añil.

<u>Guantes</u>.- De hilo blanco.

<u>Sulham</u>.- De color azul añil con vivos blancos; otro, más ligero, de color blanco, utilizado como forro del anterior.

<u>Faja</u>.- De lana, de color azul añil.

<u>Candora</u>.- Batín de tela caqui. Aunque se trataba de una prenda exclusiva de las fuerzas jalifianas (Mehal-la y Mehaznía), algunos miembros del escuadrón la utilizaban para determinados servicios en el interior del acuartelamiento.

<u>Divisas</u>.- Plateadas para sargentos y de estambre azul para clases y tropa.

- *Batidores, porta-guión y cornetas*

Usan el mismo uniforme que los anteriores, con las siguientes variaciones:

<u>Manoplas</u>.- Del color azul añil, propio del grupo, sin emblema. El porta-guión, de la misma forma y color que las de los

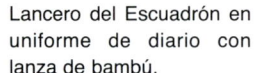

Lancero del Escuadrón en uniforme de diario con lanza de bambú.

batidores, pero con el emblema de Regulares Caballería y un ribete exterior en amarillo. Los cornetas o clarines no utilizan manoplas; el paño del clarín es azul añil, también con el mismo emblema y ribete anterior.

Cordones.- Todos usan cordones de seda, de color azul añil y blanco.

- Servicios pie a tierra

Para aquellos servicios que los lanceros realizaban desmontados, es decir, pie a tierra, tales como montar la centinela en dependencias del Cuartel General, vestían el uniforme anterior, con la diferencia que, en lugar de correaje, solamente llevaban la faja de color azul añil sobre la guerrera y, como arma, la lanza reglamentaria.

Emblema de cuello Regulares de Caballería «Tetuán» 1.

Uniforme de gala

Oficiales. Europeos e indígena

Guerrera.- De paño color azul tina, de una fila de siete botones, plateados, lisos y semiesféricos; cuello alto de color carmesí y vivos de este mismo color. En el cuello, como emblema, lleva el de Regulares de Caballería.

Calzón.- De canutillo color beige.

Prenda de cabeza.- *Tarbush* de color rojo, con borla azul. Divisas y emblema colocados en el frente.

Calzado.- Bota alta, de cuero color avellana, con espuelas.

Correaje.- Compuesto de ceñidor y bandolera de color blanco. Se ignora el emblema que figura en las chapas del ceñidor y la bandolera, aunque lo más lógico es que fuera el propio de Regulares. .

Guantes.- De hilo blanco.

Divisas.- Plateadas, como en el Arma de Caballería.

Sulham.- De color azul añil y otro, más ligero, de color blanco, que se utilizaba como forro del anterior.

Tropa

Guerrera.- De paño color azul tina, de una fila de siete botones, plateados, lisos y semiesféricos; cuello alto de color carmesí y vivos de este mismo color. En el cuello se ostenta el emblema de Regulares de Caballería.

Zaragüel.- De dril, de color *garbanzo* y d
quí.

Calzado.- Borceguí y polaina de cuero color avellana, con espuelas.

Correaje.- Con este mismo uniforme no se usa correaje alguno, llevando en su lugar la faja del color propio del Grupo. Más tarde, sin poder precisar fecha, se adopta un nuevo correaje especial, de color blanco, sin cartucheras, para ser utilizado con el uniforme de gala, pero su uso fue efímero.

Cubrecabezas.- Turbante de estilo argelino, también llamado *Guenour*, rodeado por un cordón de color azul añil.

Guantes.- De hilo blanco.

Sulham.- De color azul añil con vivos blancos; otro, más ligero, de color blanco, utilizado como forro del anterior.

Faja.- De lana, de color azul añil.

- *Batidores, porta-guión y cornetas*

Usan también el uniforme antes citado, con las manoplas y cordones propios de su especialidad.

- *Servicios pie a tierra*

Para aquellos servicios que se realizan pie a tierra, tales como montar la centinela en dependencias del Cuartel General, vestían el uniforme de gala descrito anteriormente, con la diferencia que ahora, en lugar de la lanza reglamentaria, iban armados con el mosquetón *Mauser* mod. 1916 (sin machete), usando, además, el correaje de cuero color avellana con las cartucheras especiales de estas fuerzas, así como guantes de hilo de color avellana.

Lancero del Escuadrón en uniforme gala con lanza mod. 1905.

Arriba. Batidores del Escuadrón. Burgos 1938 (Portal
Digital de Cultura. Navarra)

Abajo. Lanceros del Escuadrón. Burgos 1938. (Colección particular)

Banderín, guión y distintivos

Banderín de la Compañía Mixta de Escolta

Detalle del banderín de la compañía, aún con la corona republicana, todavía sin modificar. (Fotografía BNE)

Descripción:

El banderín original, de 0,65 x 0,60 metros, estaba confeccionado en terciopelo de color verde oscuro, en cuyo anverso, colocado en el centro, figura el emblema de la Guardia Civil adoptado en 1935[1], compuesto por las iniciales G.C. enlazadas, bajo corona mural; en el reverso lleva el anillo de Salomón (insignia del Jalifa y su Majzén). Va rematado en todo su contorno por un cordón de hilo de seda color amarillo Asta de madera barnizada en su color natural con regatón y moharra con forma de punta de lanza y una media luna en el inicio de la hoja. Más tarde la corona mural es sustituida por la imperial abierta. Como corbata lleva una cinta de los colores nacionales, con la inscripción «Comandª Marruecos».

Banderín de la Compañía Mixta 1936.

En 1938 el banderín anterior es sustituido por otro de características similares, de raso color verde, llevando en su anverso, bordado a realce con hilo de plata, el emblema de la Guardia Civil bajo corona real abierta y en el reverso el anillo salomónico, en cuyo interior se inscribe una estrella de cinco puntas, bordada con hilo de oro sobre el propio paño verde de la insignia. Va rematado por un fleco de cabos gruesos de hilo de plata. Lleva cinta de los colores nacionales. Asta de

---

1.- Aprobado por orden ministerial de 30 de julio de 1935 (Gaceta de Madrid núm. 213 y C.L. núm. 494).

bambú, barnizada en su color natural con regatón y moharra con forma de punta de lanza y una media luna al inicio de la hoja. Carece de bandolera, sirviendo de cuja para apoyar en ella el regatón del asta un tahalí de machete, de color amarillo-ocre, que el portador del guión llevaba colocado en el ceñidor del correaje.

En el Museo de la Dirección General de la Guardia Civil (Madrid), procedentes de la Compañía de Seguridad del Palacio de la Zarzuela, se conservan los dos banderines anteriormente descritos, sin más diferencia que en el de 1938 lleva incorporado en el cantón superior izquierdo del anverso el bordado del nuevo Escudo Nacional y que la moharra corresponde al modelo declarado reglamentario en 1931.

Nuevo banderín adoptado en 1938 (Fotografía BNE).

Banderín de la Compañía Mixta 1938

Guión del Escuadrón de la Escolta Montada

Descripción:

En su origen, el guión pertenecía al 2º Escuadrón del Tabor de Caballería del Grupo de Fuerzas Regulares Indígenas de Tetuán nº 1. De forma cuadrada, de 0,50 x 0,50 metros, aproximadamente. Anverso: de raso color azul añil, cuyo paño lo cruzan dos listas amarillas colocadas en aspa, sobre las que descansa el emblema de Regulares de Caballería, formado por dos lanzas con banderolas de los colores nacionales (las tres franjas del mismo ancho, puesto que originalmente estas eran tricolores), y una media luna de plata, en cuyo centro se inscribe el número del Grupo al que pertenece (en este caso, el nº 1), según modelo aprobado por R.O.C. de 28 de agosto de 1914. El reverso es de raso de los mismos colores que el anverso, llevando igualmente bordado el emblema de Regulares, pero sin el aspa amarilla que lo sustenta. Bordea todo el conjunto un galón de seda color amarillo, rematado por flecos de cabos gruesos de hilo de oro. Lleva asta de madera, barnizada en su color natural, con regatón y moharra en forma de punta de lanza, con una media luna al inicio de la hoja, cruzada por dos lanzas, cuyo conjunto forma el emblema de Regulares de Caballería.

En 1938 el guión se modifica; se sustituye el paño del reverso y se elimina el emblema original, colocando en su lugar un paño formado por tres franjas, también de raso, de los colores nacionales, en cuyo centro de la franja amarilla, bordado a realce con hilos de colores, oro y plata, lleva el escudo nacional de España, según el modelo adoptado en este mismo año.

El guión se mantuvo en uso hasta 1940, en que es reemplazado por la nueva insignia personal del Generalísimo.

Se ignora el destino que se le dio al antiguo guión del Escuadrón de Escolta.

Porta-guión del Escuadrón. Burgos 1938 (Archivo Ayto. de Burgos).

Guión del Escuadrón de Escolta. 1936.

Distintivos

Distintivo «Escolta de S.E.»

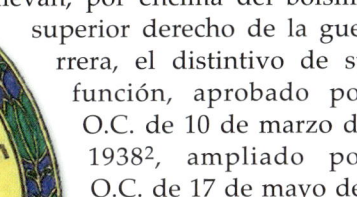

Los oficiales de la Escolta, tanto la personal o inmediata, como la Compañía Mixta de Escolta y el Escuadrón de Escolta Montada, llevan, por encima del bolsillo superior derecho de la guerrera, el distintivo de su función, aprobado por O.C. de 10 de marzo de 1938[2], ampliado por O.C. de 17 de mayo del mismo año[3].

El distintivo, común para este personal, consiste en una placa de forma ovalada, de fondo color amarillo. En la parte inferior figura el rotulado *Cuartel General del Generalísimo* y, en la superior, *Escolta de S. E.* Alrededor lleva una orla de color azul oscuro con ramos de roble y laurel en esmalte verde. El centro de la placa lo conforman los emblemas de las unidades respectivas; el de la Escolta personal o inmediata lleva el emblema del Arma o Cuerpo de procedencia del personal integrante de la misma (Infantería, Legión, Regulares, Guardia Civil, etc.); el de la Compañía Mixta de Escolta el monograma formado por el enlace de las letras G.C., bajo la corona imperial y por lo que respecta al Escuadrón de Escolta montada, el distintivo se compone de dos lanzas con sus banderolas y una media luna, en cuyo centro se inscribe el n° 1, emblema éste de las fuerzas de Caballería de Regulares de Tetuán n° 1.

Distintivo Escolta personal o inmediata.

Los modelos precedentes, así como la totalidad de los distintivos establecidos para el Cuartel General, fueron espléndidamente realizados en Vigo (Pontevedra), en los talleres de la prestigiosa joyería de D. Ramón Fernández, antiguo proveedor de la Real Casa desde 1922.

Como dato curioso cabe reseñar que, con el objeto que figurase en el distintivo de la Compañía Mixta-Escolta de S. E., como compañía mixta que era, el emblema de la Mejaznía, a

Distintivo Escuadrón de Escolta.

2.- BOE núm. 506

3.- BOE núm. 574

49

los oficiales de la expresada Compañía se les autorizó de «viva voz» a alterar el distintivo original, colocando en el mismo, por debajo del monograma GC, el emblema de Intervenciones Militares. De esta alteración, que puede observarse en una composición aquí representada, no ha quedado constancia documental alguna, con la excepción de algunas fotografías en la que sí puede observarse la modificación efectuada en el distintivo.

Distintivo Compañía Mixta de Escolta.

Distintivo de Permanencia en la Mejaznía

Por O.C. de 18 de enero de 1937[4], S. E. el Generalísimo, a propuesta de la Alta Comisaría de España en Marruecos, ha resuelto lo siguiente:

Artículo primero. Se crea el «distintivo de la Mejaznía Armada de Marruecos».

Artículo segundo. Este distintivo será de idéntica forma que el usado para el cuello de la guerrera por el personal europeo e irá bordado sobre la parte media del fuelle del bolsillo derecho de la guerrera y fondo encarnado. Los lados de los triángulos equiláteros que lo forman serán de dos milímetros y medio de longitud, bordados con hilo de oro al igual que la estrella central.

Artículo tercero. Tendrán derecho al distintivo que se cita todos los jefes, oficiales, suboficiales, clases, guardias y demás individuos de la Guardia civil y otros Cuerpos del Ejército Español que hayan prestado servicios en la Agrupación, reuniendo las condiciones del artículo siguiente:

Artículo cuarto. El personal expresado en el artículo anterior que hubiera sido destinado a la Mejaznía Armada en 1º de julio de 1935 y el que lo hubiera sido con posterioridad a dicha fecha, pero que en esta fecha desempeñe función alguna en la misma, habrá de reunir seis meses de permanencia, contados día por día.

4.- BOE nº 91

Artículo quinto. La concesión del distintivo se hará por el Alto Comisario de España en Marruecos, que queda facultado para ello, y se otorgará mediante instancia promovida por el interesado.

Artículo sexto. Si alguno de los individuos del expresado personal hubiera prestado servicio en la Mejaznía, pero por tiempo insuficiente para obtener derecho al distintivo, si volviera a ella, le será acumulado el tiempo servido con anterioridad para perfeccionar el derecho, en cuyo caso, a la instancia acompañará una demostración del tiempo acreditable.

Artículo séptimo. Este distintivo dará derecho preferente sobre otros aspirantes a la Mejaznía, si al cesar un Jefe, oficial, suboficial, clase o individuo solicitará su vuelta a la Agrupación.

Artículo octavo. A este distintivo se le adicionará una barra de oro en la parte inferior, análoga a la dispuesta para Fuerzas Jalifianas, si el titular, ya en posesión de él, perteneciera cinco años a la Mejaznía o fuera herido en acción de guerra o conflicto de orden público, cuando una de las heridas fuera calificada como minimun (sic) de menos grave.

Artículo noveno. Las concesiones del distintivo se publicarán en los periódicos oficiales del Ministerio de la Guerra y de la Zona del protectorado y, tan pronto aparezca en uno de ellos, se anotarán en las hojas de servicios o filiaciones correspondientes.

Artículo adicional. El personal de la Guardia civil que hubiera pertenecido a la Ponencia designada como preliminar a la organización de dichas fuerzas, durante seis meses, tienen también derecho al uso del distintivo a que esta disposición se refiere.

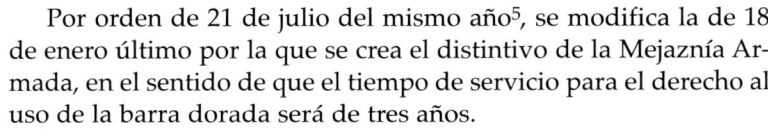
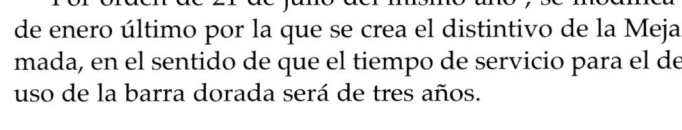

Distintivo permanencia Mejaznía. (Colección particular)

Por orden de 21 de julio del mismo año[5], se modifica la de 18 de enero último por la que se crea el distintivo de la Mejaznía Armada, en el sentido de que el tiempo de servicio para el derecho al uso de la barra dorada será de tres años.

5.- BOE núm. 276

LA COMPAÑÍA DE INFANTERIA
DE GUARDIA EXTERIOR

Con independencia de las dos unidades objeto de estudio en esta monografía, existía otra, que con el nombre de *Compañía de Infantería de Guardia Exterior de S.E. el Generalísimo*[1], fue constituida en Burgos en noviembre o diciembre de 1938.

Al parecer, el origen de esta Guardia fue gestado a raíz de una reunión que los coroneles jefes de Estado Mayor de los cuarteles generales de los ejércitos del Centro y Sur mantuvieron con el Generalísimo durante una visita girada por éste al frente de Teruel.

Compañía de Infantería Guardia Exterior. Burgos 1938.

Durante el almuerzo campero el Generalísimo, entre otras cosas, interroga al coronel Cuesta Monereo sobre el funcionamiento del Cuartel General instalado en el Palacio de la Exposición de Sevilla. Durante la explicación, alguien del séquito interrumpe al coronel Cuesta y, digiriéndose al anfitrión, le dice: *Vamos, que están los de Andalucía mucho mejor que el Generalísimo*, a lo que el coronel Cuesta Monereo añade: *... si vieran ustedes la compañía de guardia y escolta de mi general, se quedarían maravillados, por su distinción, equipo y organización.*

Acto seguido interviene el teniente coronel Barroso, del Estado Mayor del Cuartel General del Generalísimo, quien expresa: *Eso, mi general, se arregla pronto. Si vuestra excelencia me autoriza, antes de un mes tendrá una guardia exterior en su residencia, que en nada desmerezca de la del general Queipo, y que corresponda a la magnificencia de la escolta mora.* Tras una pausa, Franco replicó: *Proyécteme usted esa organización y... ya veremos.*

1.- La revista *Fotos*, en su número 99, de 21 de enero de 1939, publica un amplio reportaje, más gráfico que literario, sobre esta excelente unidad.

Guardia de Infantería. Burgos 1938.

La presentación oficial de la compañía tiene lugar a las diez de la mañana de un día indeterminado del mes de diciembre de 1938 con ocasión de una parada y desfile militar celebrado en el Paseo del Espolón de Burgos. Tras el desfile, la compañía se desplaza a la residencia del Jefe del Estado para montar allí la guardia. La presencia, así como el estado de instrucción que ofrecía la nueva unidad, era impecablemente excelente.

La plantilla de la *Compañía de Infantería de Guardia Exterior de S.E.* la constituían 158 hombres, todos ellos pertenecientes a la quinta de 1929. El mando de la compañía lo ejercía el capitán D. José Salto García-Margallo.

La uniformidad

Las distintas prendas que componían la uniformidad de la tropa de la *Guardia Exterior* eran de una calidad tal, que apenas se distinguían, en absoluto, de las vestidas por los oficiales y suboficiales de la propia compañía. La uniformidad, establecida con carácter general, la componían las siguientes prendas:

Oficiales

Guerrera.- De paño caqui y de la misma forma que determina el Reglamento de Uniformidad para Jefes y Oficiales aprobado por R.O.C. de 16 de diciembre de 1926 (C.L. núm. 13, apéndice).

Calzón.- De igual paño y color que la guerrera y de la forma reglamentaria para el Ejército.

Calzado.- Bota alta de montar, de color negro, con espuelas.

Correaje.- Ceñidor y dos tirantes de cuero negro, con hebillaje dorado.

Prenda de cabeza.- Gorra de plato, de igual paño y color que el uniforme, en cuyo frente lleva el escudo nacional de España, según modelo adoptado en 1938 y, en su parte cilíndrica, el emblema de Infantería. Al mando de tropas, casco de acero mod. 1930, pintado de color gris brillante.

Escena del relevo de la Guardia.

Guantes.- De hilo blanco.

Emblema de cuello.- Escudo nacional de metal dorado.

Botones.- Metálicos, dorados, con el escudo nacional troquelado en relieve.

Divisas.- Doradas.

Capote.- De paño caqui, cruzado, de dos hileras de cinco botones dorados a cada lado.

Sargentos y tropa

Guerrera.- De lana caqui, según O.C. de 8 de septiembre de 1932 (C.L. nº 496), pero con las siguientes variaciones: de cuatro bolsillos; botones metálicos, dorados, con el escudo nacional troquelado en relieve. En el cuello, como emblema, iba colocado el nuevo Escudo de España en metal dorado. Tirilla de piqué color blanco.

Calzón.- De igual paño y color que la guerrera.

Prenda de cabeza.- Gorra de plato, de igual paño, color y emblemas que la descrita para los oficiales. En parada, guardias y demás actos de gala, casco de acero mod. 1930, pintado de color gris oscuro brillante.

Calzado.- Bota alta de cuero color negro con cuatro hebillas al costado exterior.

Correaje.- El correaje especial, consiste en ceñidor ancho con chapa dorada, dos tirantes con hebillas y tahalí para el machete, todo de cuero color negro. Los cartucherines, con cierre en la parte inferior de la tapa, forman cuerpo con el propio ceñidor.

Guantes.- De hilo color blanco.

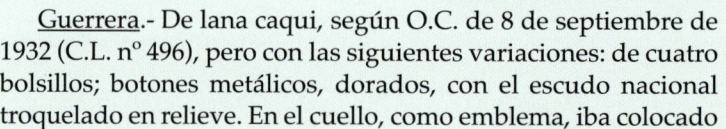

Imágenes de la revista «Fotos» con el desfile de la unidad.

<u>Capote</u>.- Del mismo paño, color y confección que el usado por la oficialidad. Los componentes de la banda de tambores y cornetas —que posiblemente no pertenecían a la compañía—, usan capote de una sola fila de cinco botones, de corte idéntico al que vestía la tropa indígena de la *Guardia de Honor* para las guardias y servicios de guarnición.

Porta-guión y escuadra de batidores

Igual uniforme que los anteriores, con la única diferencia que los componentes de la escuadra de gastadores usan nanoplas de cuero color negro y llevan dos cordones de seda; uno de color rojo y otro amarillo. El porta-guión utiliza manoplas de charol blanco.

Distintivo de la Compañía

El distintivo para este personal, consiste en una placa de forma ovalada, de fondo color amarillo, en cuyo centro lleva el escudo nacional adoptado en 1938. En su contorno exterior lleva una orla de color rojo, en la que, en su parte media superior, se inscribe «Guardia Exterior» y, en la parte media inferior, «S. E. El Generalísimo». La tropa llevaba este distintivo colocado en la manga izquierda del uniforme.

Distintivo Guardia Exterior. 1938 (Colección particular).

Guión de la Compañía

El relevo de la guardia en el Palacio de la Isla (Burgos).

Descripción:

De dimensiones aproximadas de 0,50 x 0,50 metros en cuadro. En el anverso, de seda color rojo, colocado en el centro del paño, lleva primorosamente bordado a realce con hilos de seda de colores, oro y plata el escudo Nacional de España adoptado en 1938. Alrededor del escudo figura, en letras de plata, el rotulado *GUARDIA EXTERIOR DE S.E. EL GENERALÍSIMO*, dispuesto de la forma siguiente: *GUARDIA EXTERIOR* colocado encima del escudo; *DE y S.E.* a ambos lados de las columnas de

El guión de la Guardia Exterior.

Hércules y *EL GENERALÍSIMO,* en la parte inferior del paño. El reverso[2] es totalmente coincidente con el anverso, ya que lleva idéntico escudo y leyenda que figura en la faz descrita. Fleco de cabos gruesos de hilo de oro. Lleva una cinta de los colores nacionales. Asta de madera, barnizada en su color natural con regatón y moharra dorada correspondiente al modelo adoptado en 1931, en la que figura el emblema de Infantería.

Se desconoce el museo o lugar en donde se encuentra depositado el guión.

Armamento

El armamento individual de dotación en la *Guardia Exterior* lo constituía el fusil Mauser español, mod. 1893, calibre 7x57 mm. y el machete corto, mod. 1892-93.

Página siguiente, abajo. Clarines del Escuadrón con la nueva uniformidad adoptada en 1939; chaquetilla de Húsares y zaragüel blanco. (Fotografía BNE)

2.- Esta faz es la que aparece reproducida en la portada de la revista *Fotos,* ob. cit.

EPÍLOGO

Para el desfile de la Victoria celebrado en Madrid el 19 de mayo de 1939, Franco Salgado en sus *Memorias*, dice:

Guardias indígenas provistos con chaquetilla de Húsares de la Princesa. 1939 (Fotografía BNE)

Como Jefe de las tropas del Caudillo tuve que improvisar uniformes para los jinetes moros de la escolta valiéndome de depósitos que encontré de los antiguos húsares de la Princesa y Pavía[1].

En efecto, a partir del mes de mayo de 1939, para determinados actos de gala se dotó al personal indígena de la *Guardia* de una nueva uniformidad, compuesta ésta de dolmán azul celeste procedente, al parecer, de antiguos depósitos del Regimiento de *Húsares de la Princesa*. Con esta prenda seguían usando el serual de color blanco; el correaje amarillo-ocre y sulham de color blanco. El cornetín de órdenes de la Compañía, el porta-guión y los gastadores, conservan las manoplas de cuero de color amarillo-ocre, con emblema formado por el monograma *GC* (Guardia Civil) sin la corona mural que llevaba anteriormente.

Asimismo, los componentes del *Escuadrón de Escolta*, tanto la oficialidad como los lanceros, se han beneficiado de prendas —dolmán y chaquetas azules fundamentalmente— procedentes de los *Húsares de la Princesa*, mientras que los batidores y cornetas fueron dotados de chaquetas de color rojo de los *Húsares de* Pavía. A las prendas anteriores, para sustituir al calzón beige de los oficiales y el zaragüel (serual) de color *garbanzo* de la tropa, se les añadió calzón y serual de color blanco. Con esta nueva uni-

---

1.- Franco Salgado, ob. cit.

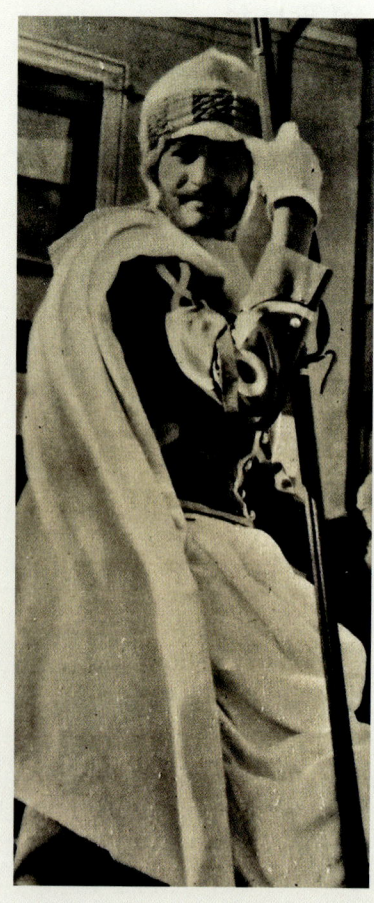

Lancero con la uniformidad adoptada en 1939; chaquetilla de Húsares y zaragüel blanco.

formidad, no se usaba correaje ni ceñidor alguno, excepto los oficiales que solamente llevaban la bandolera de color blanco con la cartuchera de gala. La tropa usaba la faja de color azul añil colocada sobre la cintura del serual, dejando ver parte de la misma por debajo de la chaqueta o el dolmán[2].

También, en este mismo mes de mayo, para sustituir al veterano fusil *Mauser*, mod. 1893, se adopta, con carácter general para todo el personal de la *Guardia*, el mosquetón *Mauser*, mod. 1916; conservando el machete mod. 1913 que se venía empleando con el fusil anterior.

Por orden de 13 de junio de 1939[3], sobre Honores, aclarada por otra de fecha 16 de junio del mismo año[4], se establece que la *Guardia de Honor* del Jefe del Estado sólo se los rendirá a él o a la persona que ostente su representación.

Por Orden de 21 de agosto de 1939[5] se disuelve el Cuartel General del Generalísimo y por decreto de 5 de septiembre de este mismo año[6], se crea la Casa Militar de S.E. el Jefe del Estado, compuesta de Cuartel General, Tropas y Servicios. A fin de desarrollar el decreto anterior, por orden de 15 de septiembre del mismo año se aprueba la plantilla y denominaciones de las distintas unidades que pasan a componer la citada Casa Militar.

Como consecuencia del decreto anterior, la *Compañía Mixta de Escolta* y el *Escuadrón de Escolta Montada* pasan a denominarse *Compañía afecta de Fusileros Moros* y *Escuadrón de Caballería Mora*, respectivamente. La *Compañía de Infantería de Guardia Exterior* pasa a constituir la *1ª Compañía de Fusileros Españoles* y el servicio exterior de seguridad es encomendado a la nueva compañía de la Guardia Civil, a la que sirvió de base el antiguo contingente europeo de la *Compañía Mixta de Escolta-Guardia de Honor*. Pero esto ya es otra historia

2.- Precisamente, esta forma de llevar colocadas las prendas, fue objeto de interpretación errónea por parte de mi buen y admirado amigo D. José María Bueno, quien en su libro *Uniformes militares en la guerra civil española*, Editorial Almena, Madrid, 1997, pág. 18, lámina 3, figura 7, dice: *En el desfile de la victoria de 1939 presentaron la novedad de llevar los faldones de la guerrera dentro del pantalón, como muestra la figura*. Como podrá comprobarse por los distintos reportajes fotográficos; no son los faldones de la guerrera los que van metidos dentro del pantalón, sino el efecto que hace el dolmán o chaqueta al quedar las prendas a la altura de la cintura.

3.- BOE nº 166.

4.- BOE nº 168.

5.- BOE nº 236.

6.- BOE nº 253.

El Guión personal del Jefe del Estado

Aunque queda fuera del contexto general de esta monografía, se consigna en este apartado, como dato meramente anecdótico, una breve reseña sobre el guión personal del Jefe del Estado usado por éste durante el período 1940-1975, cuya insignia también es objeto de controversia al intentar mostrarla —desde una óptica totalmente equivocada— como el *Guión que ostentó el automóvil usado por Franco, antes de ser nombrado generalísimo, desde que se trasladó de Marruecos a la Península en agosto de 1936.*

Asimismo, en un pliego de soldados recortables, que reproduce el Escuadrón de Escolta durante el período de guerra, aparecen los componentes del mismo vestidos con guerrera de color *garbanzo* y serual (sewal) blanco —color éste jamás utilizado en alternancia con la guerrera *garbanzo*—. En este pliego, magníficamente editado por la prestigiosa firma *El Toro*[7] hacía los años 40, destaca, además, la cuidadosa reproducción del guión de mando del Jefe del Estado portado, en este caso, por un oficial.

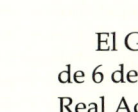

Guión con las armas personales del Jefe del Estado. 1940.

Resulta inverosímil creer que el guión antes mencionado fuese ostentado durante estos años —1936-1939— por el entonces general Franco, ya que cuando fue investido como Jefe del Estado y Generalísimo de los Ejércitos (1º de octubre de 1936), en la parte delantera derecha del automóvil oficial figuraba, como insignia personal de su Jefatura, la enseña de los colores nacionales, es decir, rojo y gualda, en cuya franja amarilla llevaba estampado el escudo adoptado por el Gobierno Provisional de 1868 y luego por la República en 1931. Asimismo, esta insignia puede verse en marzo de 1937 con motivo de la presentación de cartas credenciales de los embajadores de Italia y Alemania.

Al adoptarse en febrero de 1938 el nuevo Escudo Nacional se confecciona una nueva insignia de representación para el automóvil oficial —de dimensiones algo más reducidas que la anterior—, conservando, claro está, los colores rojo y gualda del paño, en cuyo centro ahora figura el nuevo escudo. La enseña —semirígida— estaba elaborada en damasco de seda de los colores antes mencionados.

El Guión personal del Jefe del Estado se crea por Orden Circular de 6 de julio de 1940[8], cuya insignia, según dictamen emitido por la Real Academia de la Historia —que había sido consultada sobre el particular— es la Banda Real de Castilla al estilo de Carlos I.

7.- Armero, José Mario y Manuel González: *Armas y pertrechos de la guerra civil española*, Ediciones Poniente, Madrid, 1981, pág. 184, 185 y 186.

8.- BOE nº 189 y C.L. nº 246.

Imágenes de la Compañía Mixta

Compañía mixta en parada.

Guardia indígena. Burgos 1938.

Cornetín de órdenes en uniforme de gala en invierno. Burgos 1938.

Guardias indígenas de la Compañía Mixta. Salamanca, 1937.

Detalle de la espalda del sulham. Burgos 1938.

Imágenes del Escuadrón

Lanceros del Escuadrón.

Jinete del Escuadrón y guardia europeo de la Compañía Mixta (Fotografía Ayto. de Burgos)

Lanceros del Escuadrón. Burgos 1938.

Lanceros del Escuadrón de Escolta. Salamanca 1937. (Colección particular)

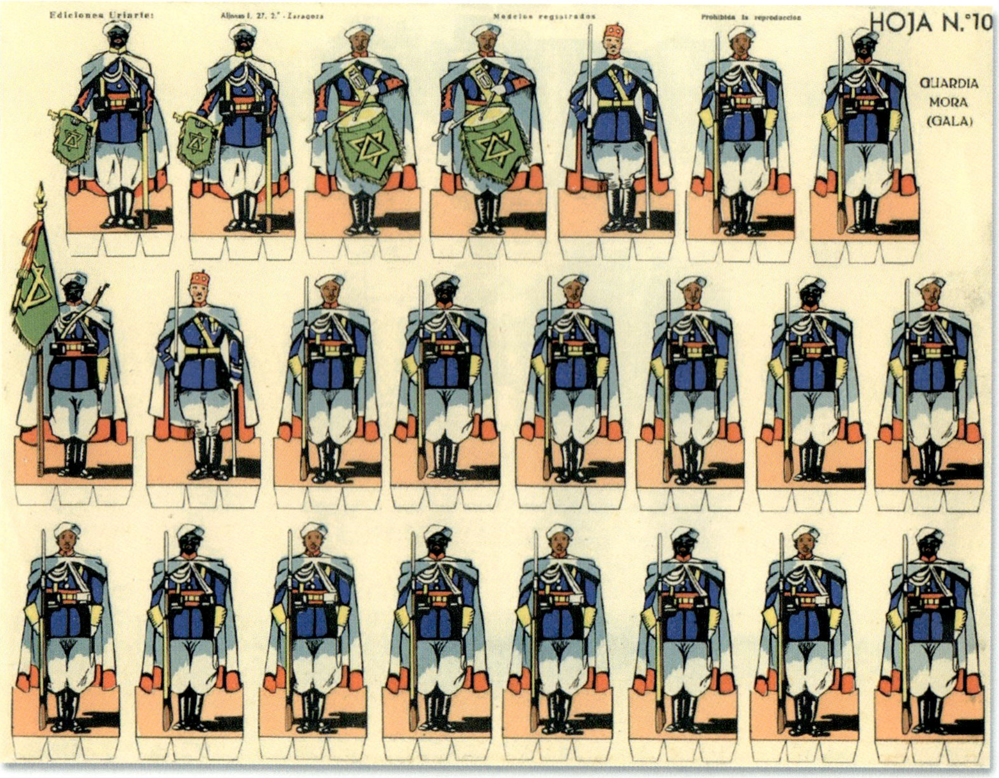

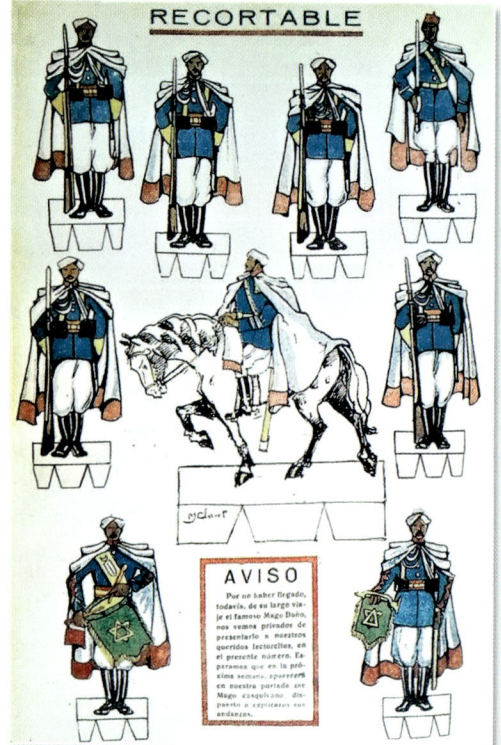

Arriba. Recortable Ediciones Uriarte (Propiedad del autor)

Derecha. Recortable revista *Flechas y Pelayos*.

Bibliografía

ARMERO, José Mario y Manuel GONZÁLEZ: Armas y pertrechos de la guerra civil española, Ediciones Poniente, Madrid, 191.

BUENO CARRERA, José María: Uniformes militares en la guerra civil española, editorial Almena, Madrid, 1997.

——, Los Regulares, Aldaba Ediciones, Madrid, 1989.

CALVO PÉREZ; José Luis: La Guardia de Honor. La uniformidad de la Compañía Mixta Expedicionaria de la Comandancia de Marruecos. Revista «Guardia Civil». Julio 1997.

EL MERROUN, Mustapha: Las tropas marroquíes de la guerra civil española 1936-1939, Editorial Almena, Madrid, 2003.

FRANCO SALGADO-ARAUJO, Francisco: Mi vida junto a Franco, Editorial Planeta, Barcelona, 1977.

GRÁVALOS GONZÁLEZ, Luis y José Luis CALVO PÉREZ: Emblemas, divisas y distintivos en los cuellos de los uniformes del Ejército, edición del Autor, Madrid, 1994.

GRÁVALOS GONZÁLEZ, Luis: Las guerreras del Ejército, edición del Autor, Madrid, 2004.

MARTÍNEZ QUESADA, Francisco: La Guardia Civil en el Norte de África (II), Revista de Estudios Históricos de la Guardia Civil nº 18, Madrid, 1976.

MESA, José Luis de: Los moros de la Guerra Civil española, editorial Actas, Madrid, 2004.

PRIEGO LOPEZ, Juan: Escoltas y guardias moras de los Jefes de Estado españoles, CSIC (Instituto de Estudios Africanos), Madrid, 1952.

SALAS, Delfín: Tropas regulares indígenas, Aldaba Ediciones, Madrid, 1989.

SÁNCHEZ RUANO, Francisco: Islam y guerra civil española. Moros con Franco y con la República, La Esfera de los Libros, Madrid, 2004.

DIARIOS Y REVISTAS

ABC

FOTOS

SERGA